李昊轩 著

矛盾

北京时代华文书局

图书在版编目（CIP）数据

矛盾 / 李昊轩著. -- 北京：北京时代华文书局，2020.2

ISBN 978-7-5699-3446-5

Ⅰ.①矛… Ⅱ.①李… Ⅲ.①人间关系–通俗读物 Ⅳ.①C912.1-49

中国版本图书馆 CIP 数据核字（2020）第 009050 号

矛盾
Maodun

著　　者	李昊轩	

出 版 人	陈　涛
责任编辑	石乃月
装帧设计	三味书香
责任印制	訾　敬
出版发行	北京时代华文书局 http://www.bjsdsj.com.cn
	北京市东城区安定门外大街 138 号皇城国际大厦 A 座 8 楼
	邮编：100011 电话：010 – 64267955 64267677
印　　刷	三河市天润建兴印务有限公司　13803225246
	（如发现印装质量问题，请与印刷厂联系调换）

开　　本	880mm×1230mm　1/32	印　张	8	字　数	156 千字
版　　次	2021 年 12 月第 1 版	印　次	2021 年 12 月第 1 次印刷
书　　号	ISBN 978-7-5699-3446-5		
定　　价	58.00 元		

前 言
生活就是这样矛盾

　　说起要写一本关于矛盾的书，我感到十分犹豫，因为我们虽然每天都生活在各种各样的矛盾之中，时刻感受着生活中的一地鸡毛在风中凌乱，却很少认真思考过导致这一切矛盾的根源到底是什么，更没有深入探析过这些恼人的矛盾为何总是与我们如影随形。说起来，矛盾只是简单的两个字，但深入思索，你会发现这两个字所蕴含的意义甚至可以涉及整个宇宙。而在浩瀚的宇宙中，我们每个人的存在简直如沧海一粟，转瞬即逝。站在这个空间维度上，我们还有必要纠结身边的种种矛盾吗？的确，把人放在宇宙中看，人是非常渺小的，但是如果仅以人生为背景去衡量，我们又会发现这一生不管是如白驹过隙，倏然而逝，还是如逆水行舟，艰难熬过，终究都是值得我们全心投入去努力过好的。

　　法国当代哲学家路易·阿尔都塞说过，矛盾是一切事物发展的动力；德国哲学家黑格尔说过，就辩证法的本质而言，矛盾进展是一切事物的真实的本质，是支配所有事物和整个有限世界的法则；全世界无产阶级和劳动人民的革命导师、无产阶级的精神领袖、国际共产主义运动的开创者马克思也曾谈及过矛盾，他认为，矛盾是一切辩证法的来源。综上所述，这么多伟大的人物对于矛盾都有着深刻的理解和严谨的思考，身为普通人的我们，对于矛盾又有怎样的见解呢？有人说生活就是一地鸡毛，有人说生活就是纷繁芜杂，也有人说生活就是一个又一个错误接踵而至……一言以蔽之，生活就是这样矛盾，始终不能像是熨烫妥帖的衣服那样合体，哪怕你再怎么努力也无法彻底摆脱矛盾，因为矛盾总是在你不知不觉间制造出各种麻烦和问题，等着你去解决和面对。

生活中，无数的人构成了世界的主体，而人天生就是矛盾的结合体，其本身充满着各种各样的矛盾，既希望自己能够生活安逸、无忧无虑，又希望自己能够出类拔萃、出人头地；既希望自己能够处事圆滑、游刃有余，谁也不得罪，又期望自己能在现实生活中与天斗、与地斗、与人斗，其乐无穷。

事实上，每个人不仅处于自身的矛盾中，也处于与外界的各种不可调和的矛盾之中。加之人还是群居动物，每个人都生活在固定的群体中，这使得千变万化的人际交往矛盾也应运而生，每个人都想与身边的人一较高下，分个胜负输赢呢！作为一个矛盾体，投身于矛盾的社会生活中，可想而知，人始终处于矛盾的状态，既无法有的放矢地成就自我，也无法完全磨圆自己的棱角与世界友好相处。

当然，我们每个人都不可能离群索居，与世隔绝。人是群居动物，每个人都不可能离开他人而独立存在。在现代社会中任何人要完成一项任务，离开社会、离开群体、离开他人都是不可能的。每个人都不可避免地要与他人发生联系，社交带给我们归属感、认同感，以及生活在这个世界上不可缺少的乐趣。当然，社交同时也带给我们困惑、无助、疲惫和乏力。我们在感受社交快乐的同时，也在吞咽着社交所带来的苦水，并且艰难地消化着因之产生的各种不快和烦恼，以及死死纠缠着我们的所有不可调和的矛盾。面对这一切，我们想要逃离，渴望着田园的闲散安逸，却又贪恋城市的喧嚣和繁华，这正是那么多人日日叫嚷着要逃离北上广，却始终不能成行的原因，这也是近几年那些超大一线城市频繁掀起回乡潮的原因之所在。然而，更多的事实证明，等待着那些回乡人的不是度过最初磨合期的适应，而是又一次的逃离，他们大多会再次回到最初那座让自己又爱又恨的大城市。归根结底，这是因为他们现在已经无法适应家乡的生活，猛然发现自己已经彻底变成了漂泊在家乡的异乡人。

人就是这样一个奇怪的矛盾综合体，如果你不能认清楚这个本质，只怕你永远也无法摆脱矛盾。尤其是在现实的生活中，更多的外部矛盾应接不暇，让我们迷惘，不知道该以怎样的方式与自己相处，与世界共生。

当然，尽管生活中的矛盾多如牛毛，让我们烦恼，但我们依然不能放弃与矛盾的正面博弈。既然人生的常态就是身处在各种各样的矛盾之中，那么，每个人要做到的就是积极主动地协调矛盾，让矛盾变得更加可控。作为矛盾的主体，也作为矛盾的承载者，我们最重要的就是要有平和的心态和良好的情绪，这样才能在人生遭遇各种意外打击时，始终都能保持理性，不会轻易迷失自我。

不忘初心，方得始终。对于每一个普通人来说，切勿因为矛盾的内心而迷失了自己的本心，而要始终牢记自己想要达到的目的，这样才能无所畏惧，坚定前行。实际上，面对瞬息万变的矛盾，只怕孙悟空的七十二变也应付不来，那么，我们唯一能做的就是以不变应万变，真正地驾驭自己的内心，主宰自己的人生。生活尽管琐碎，如果能做到一步一个脚印，踏实前行，即使目的地再遥远，也可以如期而至。

人生固然以众生百态呈现在这个世界上，但每个人都是自己的唯一，是只属于每个人的独立所有。如果你不想错过自己这一生的精彩，就要善于从纷繁芜杂的矛盾中抽身而出，坚持该坚持的，做好该做好的！

目　录

第一章
一切皆矛盾，生活皆矛盾

第二章

自我矛盾：

人，总是一个自我矛盾体

第三章

沟通矛盾：

语言是心与心沟通的桥梁，也是人与人相处的噩梦

第四章

夫妻矛盾：

两情若是久长时，又岂在朝朝暮暮

第五章

亲子矛盾：

家长都希望孩子快乐，却为何经常"逼迫"孩子

第六章

家人矛盾：

我们总是习惯把最坏的留给亲人

第七章

同窗及师生矛盾：

经师易遇人师难遇，师生相处是艺术也是技术

第八章

职场矛盾：

职场冲突是因为没有找到"利益最大公约数"

第九章

社群矛盾：

人人都有圈子，但圈子却是矛盾聚集地

第十章

交易矛盾：

人生就像一场交易，时刻需要衡量和抉择

第一章
一切皆矛盾，生活皆矛盾

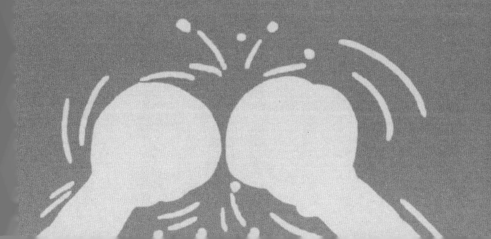

人生中，每个人都要面对各种各样的矛盾，如果总是感到无可奈何，甚至心浮气躁，则非但不能缓解和消除矛盾，还会因为自己深陷矛盾之中无法自拔，而更加烦恼和无奈。

生活处处皆矛盾

人总是想拥有空间，又害怕空虚；想得到自由，又害怕寂寞。

——佚名

有人说人生是一场未知的旅行，有人说人生是一场没有归途的航程，有人说人生就是不断地与自己博弈，还有人说人生就是坚持进行选择，在承担选择结果的同时不断地成长和进步……不管人生是什么，都充满了各种各样的矛盾。在选择的过程中，每个人都面临着各种矛盾。为此，我们说人生就是与矛盾斗争的过程。德国文学家歌德说，一切活的东西之所以区别僵死的东西，就是因为它本身包含着矛盾的本原。既然我们活着，就要面对矛盾，解决矛盾，接纳矛盾，也化解矛盾。

有个网红说，既然哭着也是一天，笑着也是一天，我们就要笑着度过人生的每一天。同样的道理，既然矛盾是客观存在的事实，我们微笑面对要承担矛盾，痛哭流涕不断退缩也要承担矛盾，那么我们为何不能更加坦然地接受世界本来矛盾重重的样子，让自己的未来更加绚烂呢？

在这个世界上，从来没有任何人的人生会是一帆风顺的，更多的时候，我们或者会陷入不预期的矛盾之中，或者会被突如其来的灾难打击。然而，世界以痛吻我，我却报之以歌。如果我们总是在矛盾中苦苦挣扎，无法放开自己，释放内心，就只会把自己困顿住。因此，越是面对矛盾，我们越是要更加积极主动地面对人生，拥抱人生的苦痛，这样才能真正地缓解和消除人生的矛盾。

在前段时间热播的电视剧《都挺好》中，苏明玉内心向往家庭的亲情，却总是被妈妈嫌弃，这导致她内心的感情需求无法得到满足。后来，她凭着自身的努力开拓事业，拥有了成功的人生，但是亲情却始终缺失。她一方面对于家庭疏远和冷漠，另一方面又总是默默地照顾和帮助家人，陷入这样的矛盾心态之中，她自己承受着很大的痛苦。直到后来父亲身患阿尔兹海默症，苏明玉最终决定回归家庭，照顾父亲，她发自内心地感谢父亲让她找到了缺失的亲情，成就更完整的自己。

生活中，矛盾无处不在，小到早晨是吃中式早餐还是西式早餐，大到寻找人生伴侣是更重视对方的物质条件和经济基础，还是更重视彼此之间的感情，这还仅仅只是针对个人而言。在面对不同的矛盾时做出怎样的选择，往往会对于我们的人生起到重要的影响作用，也会给予人生不同的契机。真正明智的人不会逃避矛盾，更不会无视矛盾的存在，而是会勇敢地接纳生活本来的样子，不管是好的还是坏的，都是生活给予我们的最好对待。

作为一名现代职场女性，如果你最近突然发现自己怀孕了，你很清楚如果怀孕生子，哪怕是休几个月的产假，也会对自己目前节节攀升的职业生涯造成不可挽回的影响。在左思右想最终决定生下孩子后，你又开始考虑到底是全职待产，还是一边工作一边孕育肚子里的胎儿。最终，你这名职业女性选择一边工作一边等待孩子的降生。在看到新生儿就像小老头儿一样出现在你面前时，你的心中前所未有地柔软，几乎在一瞬间决定了要辞掉工作，全职养育孩子到三岁，直到孩子上幼儿园为止。就这样，困扰你许久的问题解决了，你凭着本能做出了选择，内心不再漂泊和彷徨。在教养孩子的过程中，虽然你时常得到之前的同事升职加薪的消息，内心也会有小小的失落，但是看到孩子围绕在你的身边开心地笑着闹着，你就觉得非常满足，也认为自己付出的一切都是值得的。

其实，诸如此类，生活中充斥的很多矛盾是不需要我们苦苦地追寻结果的，而只需要我们坚定不移地遵循内心的指引，做好心的选择。既然人生从来没有回头路可走，每个人都只有这一生一世的机会，我们就更要努力珍惜生命，把握生命中的每一个契机，全力以赴地实现生命的使命。

身处现实生活中，即使生活处处皆矛盾，我们也要努力把每一件事情都做到极致，不求得到他人的认可和赞赏，至少也要无愧于自己的心。唯有如此，我们才能在生命之火中更加绚烂地绽放，也才能在人生的道路上更加勇敢无畏地前行，踏遍荆棘，不忘初心。当然，要想彻底消除矛盾并不容易，我们可以从以下三点做得更好：

1.摆正心态。对于人生固然要充满希望，却不要过度奢望，随遇而安也不失为一种人生态度。

2.对于已经出现的矛盾，要发自内心去接纳，而不要怀着排斥和抗拒的心态，否则只会激化矛盾。

3.矛盾是生活的常态，矛盾之中也许隐藏着契机。

矛盾箴言：生活处处皆矛盾，矛盾也总是与生活如影随形。

没有矛盾的人生根本是不存在的，矛盾地活着是人生的唯一选择，唯有解决矛盾的人生才会更加绚烂芬芳。

矛盾为何而产生

> 人生的道路上，有洁白芬芳的花，也有尖利的刺。但是自爱爱人的人会忘记了有刺，只想着有花。一个人如果自爱和爱别人，就会关注花，而忘记刺。
>
> ——茅盾

每当看着别人的生活一地鸡毛，我们常常会感到困惑："他们的日子明明过得风生水起，为何还会有这么多的抱怨需要解决呢？"正当我们讥笑他们庸人自扰，指责别人没事找事、自寻烦恼时，生活也在不经意间开始对我们发动攻势，让我们无暇关注他人，而更加专注于自己的麻烦、忧愁和烦恼。有朝一日，我们会了解，原来别人生活中的一地鸡毛也并非无事生非，而是现实中确实有太多的琐碎需要他们去处理，也有太多的困难和恶意的刁难，等着他们去战胜，还有重重的困境，等待他们去超越。

德国学者谢林曾说："生命在于矛盾，在于运动，一旦矛盾消除，运动停止，生命也就结束了。"那些把生活想象得太过简单的人，一定没有真正参与生活的经验。在他们眼中，生活就像"1+1=2"那么简单，干脆利索就能得到答案。实际上，生活是比模糊数学更模糊的一门学科，带有极大的弹性和选择的空间。很多人都会有这样的体会，即当面对唯一的选择时，我们的内心反而是非常镇定和从容的，但当面对不止一个选择时，我们反而会犹豫彷徨，做出选择也会变得非常艰难。有时候，就是因为这种彷徨和犹豫而做出不正确的选择，从而还会产生各种各样的矛盾。

事实上，面对选择的矛盾，更多的是我们与自己思想斗争的内在矛盾。人是群居动物，每个人虽然都特立独行，却不能做到离群索居。在人群中生活，我们需要和形形色色的人打交道，人际相处的矛盾也因此产生。人际相处的矛盾涵盖范围很广，常常会让我们在感到无奈之余，内心彷徨失意，尤其是和亲近之人相处，一旦发生矛盾，更是会影响我们的情绪和心理。

就这样，我们时常生活在矛盾中，又总是想要战胜它，但又总是会因为各种矛盾而陷入苦恼纠结的状态。如果任由矛盾这样肆意妄为，那么我们很容易会被这些矛盾拖垮，也会在和矛盾博弈的过程中让生命陷入负面循环的状态。德国哲学家黑格尔说，矛盾是一切辩证法的源泉，这让我们忍不住去想，如果没有矛盾，世界上也就不会有这么多伟大的哲学家。面对矛盾的纠缠，明智的做法是接纳矛盾，缓解和消除矛盾，这样才能与矛盾和谐相处，也才能有效地转化矛盾。

面对形形色色的矛盾，很多人误以为矛盾产生的根源在于外部世界，其实不然。矛盾之所以产生，除了外部世界中各种因素的影响和综合作用之外，还因为我们的心态，以及在思想和观点影响下产生的行为。任何时候，人生都不可能时刻保持清醒，我们唯有更加激励自己勇敢无畏，挣脱自己的内心束缚和囚禁，才能拥有更加自由的人生状态和身心自由。

正如一首诗所说的，"生命诚可贵，爱情价更高；若为自由故，二者皆可抛"。在如今这个熙熙攘攘的时代，人人都渴望获得更多的自由：获得财务自由，才能随心所欲做自己想做的事情；获得爱情自由，才可以与自己所爱的人在一起；获得言论自由，才能畅所欲言表达心声；获得行动自由，才能去想去的地方见想见的人……要想实现这些愿望，就要从纷繁复杂的矛盾中抽身而出，让自己的心更加轻灵。

现实中，很多人对于矛盾存在误解，觉得解决矛盾的唯一办法就是彻底消除矛盾。殊不知，人只要活着，就要面对各种各样的矛盾，而解决矛盾的最好办法，不是不合时宜地只想要消除矛盾，反而是能够和矛盾做到和谐共生。

人生需要保持平衡，而不是始终都和矛盾针锋相对，更不是在和矛盾博弈的过程中伤害自己，让自己变得困顿和无奈。你要知道，只有和矛盾友好地相处，才能真正找到解决矛盾的方法，你的人生也才能不断地成长和进步。心若强大，人生也才会变得强大。如果心思狭隘，人生的很多道路就会越走越窄，人也就无法敞开怀抱去接纳和消化更多的矛盾。

总之，在人生中，执着坚持固然是一件好事，但是如果太过执着，有太多的执念无法放下，则会导致内心犹豫彷徨，无所依靠。明智的人既能拿得起也能放得下，这样才能让自己的人生变得更加开阔，充满无限的希望和可能性！归根结底，矛盾来自我们的内心，我们也要由心而发，才能消除矛盾。我们可以从以下三个方面加以调整：

1.不要排斥和抵触矛盾，因为矛盾本是生活的常态，每个人活着就必然要面对的问题。

2.很多矛盾并非来自外界，而是来自我们的内心。心若自在，矛盾也就可以迎刃而解。

3.不要总是与矛盾为敌，要学会与矛盾和谐共生，人生才会与矛盾相伴而行。

矛盾箴言：矛盾的产生有各种各样的原因，解决矛盾是每个人面对人生永恒的命题。

繁华世界，守住一树花开的寂寞

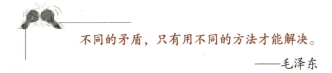

不同的矛盾，只有用不同的方法才能解决。

——毛泽东

矛盾的产生有各种各样的原因，有些矛盾之所以产生，就是为了追求绝对的公平。很多人都有这样的执念——想要追求绝对的公平，却忽略了一件事情，那就是这个世界上根本不存在绝对的公平。在这样求之而不得的情形下，人们就更很容易陷入矛盾的心态中。

马克思主义哲学家路易·阿尔都塞说，就辩证法的固有性质来说，矛盾进展是一切事物的真实本质，也是支配一切事物和整个有限世界的法则。前段时间看了《天才在左，疯子在右》这本书，因为时间紧迫而囫囵吞枣，读完之后，我发现很多精神病人之所以走入思维的死胡同，无法脱身，就是因为他们有着过于强烈的执念。他们一旦有了某种想法，就会执着于此，奔着实现这种想法而去，并逐渐迷失在心底的世界里。他们走不出自己内心的世界，别人也走不进去。最终，他们与外部世界产生了隔阂，这种隔阂既像鸿沟也像天堑，把他们与外部世界彻底隔开，让他们被彻底地隔离。曾经有位哲学家说过，在这个世界上，每个人都是孤独的。其实，精神病人是更加孤独的。他们陷入自己的执念之中，始终无法脱身，更不可能得到他人的理解和帮助。

不可否认，在现代社会，精神类疾病已经成为困扰大众的健康问题之一，和身体上的疾病相比，精神上的疾病看不到也摸不着，但对人的危害更大。有些人因为精神疾病的困扰，轻则郁郁寡欢，重则伤害自己的生命，甚至危害他人的生命。不得不说，这样的现状对于人的生存而言的确是很艰难的，一边是喧嚣热闹的世界，一边是烦乱嘈杂的人生，夹在这两者之间的是孤独的身体和灵魂。尤其是在当下，物欲横流，对于金钱和利益的追求，让人们变得越来越迷乱，也陷入了更加深刻的孤独中，犹如琥珀一般被孤独紧紧封闭起来。

实际上，我们要想在这个瞬息万变的时代里更好地生存，就必须善于从各种各样的矛盾中抽身而出，守住内心的平静淡然，扛得住压力，也经得起浮华，这样我们的人生才能更加脚踏实地，从容不迫！

最近这段时间，亚米常常觉得内心烦躁苦恼，非常困惑。她是一名教师，已经在三尺讲台上辛勤耕耘了三年。虽然和孩子们在一起很让她感到快乐，但是她时常觉得内心空虚，认为自己的寂寞无人能解。她热切渴望让自己的生活有一些变化，甚至想干脆辞掉目前的工作，去西藏山区支教，这个想法当然遭到家人们的一致反对。家人们对于亚米的想法也非常困惑，纷纷劝说："亚米，你现在的工作已经非常安稳了，环境也好，为何要去西藏呢？那里条件艰苦，你根本不可能适应的。"亚米说："我就是想要改变。在这里，我觉得很孤独，我觉得自己心无所依。"最终，虽然家人极力劝说亚米放弃这样不切实际的想法，但亚米还是辞掉了工作，义无反顾地去了西藏。

西藏的气候很恶劣，亚米原本白白嫩嫩的脸上很快就出现了高原红，甚至还出现了皲裂。然而，每当看着藏民们纯真的眼神，那就像是西藏的净土一样从未受到过污染，亚米觉得自己的内心很安宁。她从来不为自己的决定后悔，她出入于藏民的家庭，不但教孩子，也教藏民们读书认字。亚米觉得自己的内心从未像现在这样充实过，她甚至想后半生都要留在西藏。

在大多数人的眼中，能够在大城市生活是莫大的幸运，既可以享受繁华的都市，还能坐拥便利的医疗和教育条件，为此才会有那么多人都义无反顾地来到大城市，而不愿意去偏僻的地方工作和生活。然而，我们伟大的祖国有着广袤的土地，不可能所有人都拥挤在城市，这是由于城市的规模限制，也总有些人，越是地处喧嚣，越是觉得内心孤独寂寞；越是身边人声鼎沸，越是感到自己无所适从。这样的矛盾源自心灵深处，要想得到解决，就必须忠诚于自己的内心，也要去到心灵深处，进行灵魂的朝拜。

人人都向往繁华，却又在喧嚣的世界里感受着寂寞。那么到底应该以怎样的姿态存在于这个熙熙攘攘的世界，是让人矛盾的，然而归根结底如果内心笃定安然，这样的矛盾就会不攻自破。我们可以从以下三点加以调整：

1.繁华与落寞不是反义词，而是可以共生的，每个人活着，有的时候感受繁华，有的时候享受落寞。

2.心灵的朝拜随时都可以进行，当然前提是我们心中要有那片宁静。

3.最大的幸运是爱自己所有，最大的不幸是求自己不得。

矛盾箴言：*每个人都喜欢热闹，却又更加害怕热闹之中的孤独。当心灵无处安放，哪怕有再多的美好，也只能变成过眼烟云。*

矛盾之道，在于平衡

世界上，任何事情都有解决之道。

——爱迪生

如何处理矛盾，这是芸芸众生关心的问题。一味地想要与矛盾硬碰，决一死战，或者以绝对的公平来处理矛盾，显然都是不可行的，轻则伤害自己，事与愿违，重则两败俱伤，再也没有回旋的空间和余地。明智的朋友们都会认识到，要想处理好矛盾，唯一的办法就在于平衡之术。文学家茅盾曾说过，过去的，让它过去，永远不要回顾；未来的，等来了时再说，不要空想；我们只抓住了现在，用我们现在的理想，做我们所应该做的。如果人人都这样豁达，那么生活也就会少了些许烦恼。

人如果感受到这种平衡感，就不会因为所谓的不公而歇斯底里；世界如果维持这种平衡状态，万事万物就可以繁荣地发展，而不会因为被打破平衡出现倾倒。遗憾的是，现实生活中，大多数的人都想追求绝对的公平。从本质上而言，在很多情况下，绝对的平等就是不公平。举个简单的例子来说，一个家庭里有两个孩子，一个喜欢吃鱼头，一个喜欢吃鱼尾，而妈妈每次都坚持把自己认为好吃的鱼肚子分给两个孩子吃，结果孩子吃得很不快乐。这个时候，妈妈还会对孩子说："看看妈妈对你们多好，把自己最爱吃的鱼肚子都留给你们吃！鱼肚子上的肉最好吃，又嫩，刺又少！"孩子们则有苦说不出。

这位母亲的爱子之心我们是可以理解的，但这样的安排却并不是孩子们真正需要的，为此很容易破坏他们心中的平衡，因为他们哪怕吃了鱼身上最好吃的鱼肚子上的肉，也不能感到满足和快乐。当一个人内心处于失衡的状态，就会感到极其不满足，也会因此而陷入各种矛盾的状态中无法自拔。正如人们常说的，心若改变，世界也随之改变。同样的道理，心若保持平衡，世界才能保持平衡。对于每个人而言，这是亘古不变的真理，也是内心深处最真实的需求。

平衡之道，在于人的内心。不管面对怎样的世界，只要内心始终保持平衡，就能够以不变应万变，从而让内心始终宁静、从容。平衡不但是解决矛盾之道，也是人的生存之道。每个人要想保持良好的状态面对人生，就一定要维持人生的平衡。

那么，何为平衡呢？一个人如果只是一味地索取和得到，从来不会主动地付出和帮助他人，这样的关系只会向着一边倾倒，这就不是平衡。一个人只是不计回报地付出，而不考虑自身的需求和得到，这样的状态也必然不能长久。所谓的平衡，是既会得到也会失去，正如一句广告词所说的，懂得舍得，方能从容。我们也要懂得舍得的道理，在需要拿得起的时候坚定不移地拿起来，在需要放得下的时候果断地放下去。人生总是有舍有得，有的时候，得到和失去之间是可以相互转化的，得到就是失去，失去就是得到。只有心态平和的人，才能在这两者之间进行灵活地转化。

在我们的周围，也有很多人因为内心失去平衡，而变得非常抑郁。有些年轻的妈妈因为产后身体激素失去平衡状态，又因为生完孩子之后没有得到应该得到的关爱和照顾，做出极端的举动。不得不说，她们内心承受了巨大的压力，也感受到了深切的绝望，所以才会如此决绝。作为家人，如果能够多关心产妇，让产妇情感上感到满足，精神上变得坚强，哪一个妈妈又会在面对可爱的孩子时做出如此残忍决绝的事情呢？当然，除了寄希望于得到他人的关心之外，这些年轻的妈妈或产妇还应该更多地关注自己，学会与自己相处，学会与孤独对话，更重要的是学会平衡自己的内心，这样才能避免做出极端的举动，也才能让人生呈现出更多的精彩和从容。

人生，从来没有回头路可走，每一天的平衡对于我们的人生都至关重要，不可或缺。面对人生的岁月静好，面对人生的汹涌澎湃，我们必须以不变应万变，坚守平衡之道，才能在生命历程中拥有立身之本。要想保持内心的平衡，就要做到以下三点：

1.感恩自己所拥有的，不要奢望得到一切。

2.人生只有三天，昨天、今天和明天。既然昨天已经过去，明天还未到来，那么我们只能抓住每一个今天，活在当下，活好当下，才能让人生无怨无悔。

3.这山望着那山高是要不得的，我们要知道万事万物皆有平衡，而我们要在人与人、人与物之间，保持好这种平衡。

矛盾箴言：保持平衡，才能有更多的道路可以去走，也许走着走着，就走出了矛盾的死胡同，就走出了矛盾的死角，也许会豁然开朗，别有洞天呢！

处理好矛盾，人生才能更顺利

> 一味地勇猛精进，未必会有造就。反之，如果能在平淡中冷静思索，也许会找到问题的解决之道。
>
> ——王小波

一个懂得人生智慧的人，就会知道每个人在生命的历程中都要面对和经历各种各样的矛盾。也有学者针对人生和矛盾之间的关系进行了深入的思考，最终意识到要想更好地生存，就必须具备处理矛盾的能力，拥有处理矛盾的智慧。

从哲学的角度而言，矛盾分为主要矛盾和次要矛盾。所谓主要矛盾，就是会引起激烈冲突，对于事情的发生、发展起到重大影响的矛盾。所谓次要矛盾，就是比主要矛盾小，作用没有那么强烈的矛盾。换句通俗的话来说，有的矛盾很大，非常棘手，难以解决；有的矛盾很小，轻而易举就能解决。然而，主要矛盾和次要矛盾是会相互转化的。如果处理得好，即使是主要矛盾也能水到渠成地解决，如果处理得不好，就算是次要矛盾也会愈演愈烈，发展成为主要矛盾。在生活中，很多人对于一些矛盾本着大事化小，小事化了的原则进行处理，没有采取正确的方式和方法，最终导致矛盾不断恶化，变得越来越严重。

要想避免矛盾扩大化，除了要以正确的方式处理主要矛盾之外，还要及时处理次要矛盾，而不要让时间成为矛盾的发酵剂，导致矛盾愈演愈烈。伟大的发明家爱迪生说，任何事情都有解决的办法。正因为如此，他才能在一次又一次实验失败的过程中，始终怀着希望继续尝试。生活中，很多人都特别容易情绪冲动，一旦发生小小的意外状况，他们马上就会自乱阵脚，别说冷静处理问题，即使做到不冲动、不暴怒也很难。不得不说，失去理性的情绪是矛盾的催化剂，往往会导致矛盾愈演愈烈，直到最终无法收场。一个人作为生命个体，要想成为人生的强者，我们首先就要战胜自己的情绪，在很多状态下都能够保持淡定从容，都能够坚持理性冷静。

要想成功缓解和消除矛盾，在矛盾丛生的人际关系中，在处理各种问题的时候，我们还必须掌握语言的艺术。纵观那些善于沟通的人，哪怕是面对极为复杂和糟糕的情况，也能把话说得恰到好处，而不善于沟通的人，哪怕只说出一句话也会像火上浇油一样，导致各种糟糕的情况愈演愈烈，直至无法收场。沟通，是人与人之间的桥梁，而矛盾，则是人与人之间的隔阂，更像是断裂的桥梁一般存在，使人际相处失去了合理的通道，被阻碍，不畅通。明智的朋友们在处理各种矛盾的时候，很少开门见山、直奔主题，而是会先以各种"闲话"融洽关系，联络感情。只要提前把铺垫做好，然后再解决矛盾也就水到渠成，自然而然就可以让矛盾消弭于无形。

曲径通幽处，别有洞天来。在迂回曲折之中，矛盾的解决也会给我们带来意外的惊喜。任何时候，我们都不要奢望人生会一帆风顺，都是坦途。矛盾之于人生，就像是坎坷之于道路，总是难以避免的。既然如此，就让我们努力地解决矛盾，也全力以赴地活出独属于自己的充实与精彩！

不可否认，生活中唯有处理好各种各样的矛盾，人生才会更加顺遂；也唯有在不断战胜矛盾的过程中，作为生命主体的我们才会快速成长，大幅进步。俗话说，吃一堑，长一智，每一次解决矛盾，我们都需要调动自身的力量，也需要坚持不懈地努力拼搏，这对于我们而言就像是一次次蜕变，会积聚成为生命的力量，也会成为生命的宝贵经验和无价财富！具体来说，要解决矛盾，就要坚持做好下面三步：

1.透过现象看本质，认识矛盾的本质，才能有解决矛盾的办法。

2.控制好自身的情绪，切勿带着冲动解决问题，否则只会导致问题变得更糟糕。

3.条条大道通罗马，当一种办法无法解决问题时，何不换一个思路、换一种办法来解决问题呢？

矛盾箴言：矛盾的产生固然是人生的常态，但是我们依然要想方设法解决矛盾。只有处理好人生中的各种矛盾，我们才能不断成长和成熟，也才能在生命的历程中收获更多的惊喜和发现。

第二章
自我矛盾：
人，总是一个自我矛盾体

正如一位名人所说的，每个人最大的敌人就是自己，为了更好地生存和发展，人人都要在生命的历程中坚持进取，不断进步，也要在与自己相处的各种矛盾中始终鼓足力量和勇气，坚定前行。否则，一旦迷失在自我的囚牢中，被自己的心禁锢住，就只能原地踏步、止步不前，甚至还会因此而退步。在与自我相处的矛盾中，我们一定要始终坚持前进的姿态，无所畏惧地前行，这样才能保持昂扬和振奋的精神，一路高歌向前。

人生如同逆水行舟，不进则退

一味地勇猛精进，未必有所造就；反之，如果能在平淡中理性思考，就能解决问题。

——王小波

人生能够始终保持原地踏步的姿态吗？当然不能。正如人们常说的，人生如同逆水行舟，不进则退，特别是在如今社会飞速发展、时代光速前进的大背景下，作为独立的人想要保持原地不动的状态基本是不可能的。有人也许有过在河流中逆流前行的经验，要想保持前进的速度，首先要抵消逆流的速度，否则就无法保持向前的姿态。逆流的速度相当于负数，只有当前进的速度超过逆流的速度，你才能保持前进的姿态。反之，如果前进的速度不如逆流的速度快，你就会向后退。只有当前进的速度和逆流的速度相当时，可以相互抵消，此时才能保持稳定的状态。

在生物学领域颇有建树的童第周说过，科学上的许多重大突破，都是一点点细微的成绩积累起来的。科学需要求真的精神，人生同样需要。面对前进和退后的矛盾，有多少人能够始终保持逆流和前进的平衡，从而始终保持静止的状态呢？最重要的是，整个时代的大背景都在改变，人置身其中，要想始终保持平衡是根本不可能的。为了获得更好的成长和收获，我们就必须保持前进的动力，充满干劲儿，让自己即使身处逆境逆水行舟，也能保持前进的姿态。这才是最重要的，也是人生不断成长和进取的关键所在。

生活中，人人都想进步，但是人人也都时常面临退步的窘境，这是因为很多事情常常并不能得偿所愿。在进步和退步之间，很多人都在犹豫彷徨，不知所措。事实上，我们越是面临如此窘境，越是应该不遗余力，努力进取，也唯有以此验证自己的能力，证明自己的实力，唯有以实力为自己代言，我们才能不断地成长，并始终保持昂扬进步的姿态。

最近，秦娟的生活陷入了矛盾的状态中。原来，她自从大学毕业就进入一所初中当了老师，工作非常安稳，日子也过得悠闲惬意。然而，秦娟在读大学时的理想是做一名记者，她觉得记者以笔为枪，处于生活战斗的第一线，是一个非常酷的职业。反观自己现实的生活就像一潭死水，毫无波澜，秦娟觉得自己如果按照这样的生活轨迹一步步地走下去，实在是太过无趣，她甚至对于未来也越发感到迷惘。她想改变这种现状，但又狠不下心来辞职，她想成长，又不知道支撑自己继续在学校工作的动力在哪里。直到有一天，在和大学同学相聚会时，秦娟惊讶地看到昔日那些大学同学都发生了巨大的改变，她受到很深的精神刺激。聚会结束，秦娟在经过几天认真的思考之后，最终决定辞掉目前这份自己并不感兴趣的工作。秦娟背起行囊去了南方一座大城市生活，先是进入一家报社当编辑。她一边工作一边学习，经过几年不懈的努力，终于成功转行成了一名记者，做起了自己喜欢的职业。

每个人都处于进步和退步的矛盾之中，人人都渴望进步，而不希望自己原地踏步，更别提退步了。但是归根结底是进步还是退步，并非我们单纯想想就所能决定或者改变的。面对这样毫无把握的情况和状态，我们就更要坚定信念，这样才能始终勇敢无畏地做出选择，并付诸实践。

遗憾的是，在现实的生活中，有太多的人总是无法下定决心打破现在的状态，这是因为他们虽然觉得现实拥有的一切如同鸡肋，食之无味，但又觉得弃之可惜。于是，有的人选择就这样将就和凑合下去，而有的人选择打破旧有的一切，努力追寻自己的梦想前行。毋庸置疑，生活对于每一个人都是公平的，不管是谁，都要勇敢地做出抉择，这样才能突破和超越自我，才能不忘初心，砥砺前行。以下几点需要引起注意。

1.理想与现实的矛盾始终存在，要想解决这个矛盾，我们就必须想清楚自己真正想要怎样的生活，又要做出怎样的取舍。

2.进步与退步并不是绝对的，而是相对的，我们既要绝对进步，也要相对进步，这样才能与时俱进，跟上时代发展的脚步。

3.命运总是公平的，不同的是每个人努力的程度。越是在危难时刻，我们越是要鼓足勇气前行，绝不放弃。

矛盾箴言：人生如同逆水行舟，不进则退，任何时候，我们都要保持昂扬进步的姿态，这样才能全力以赴争取做到更好。

改变，就是塑造全新的自我

改造自己，总比禁止别人更难。

——鲁迅

有人说，好习惯成就人生。的确如此。习惯的力量就表现在它发挥力量于不知不觉中，在潜移默化中影响人，作用于人。为此人们才会说，要想形成好习惯需要漫长的时间，要想改掉坏习惯，更是需要付出勇气和坚持的毅力。很多人正是在习惯和现状之间徘徊，不知道自己到底是应该墨守成规，还是应该打破自我，重新塑造自我，所以才会白白地浪费时间，耗费宝贵的生命。

到底是维持原样，还是努力去改变，这是需要每个人慎重思考的问题。古罗马诗人奥维德在《变形记》中说，一切都在变化，没有东西会消失。既然如此，我们为何不能积极地改变呢？如果人们对于现状还算勉强满意，不愿意盲目地做出改变，而选择维持现状，那么就会很容易使得人生失去前进的动力，保持懈怠的状态。然而，整个世界无时无刻不在改变，我们又如何能够保持原样呢？由此可见，最重要的就是要适时做出改变。正如一位名人所说，如果你不能改变世界，那就改变自己。也有人说过，心若改变，世界也随之改变。这就告诉我们，必须要适时塑造全新的自我，才能在成长的道路上不断地进取蜕变，也才能通过改变自己的方式，塑造人生，重塑自己的整个世界。

当然，从心理学的角度而言，人人都有趋利避害的思维，谁都不愿意为了改变而付出更多的努力，消耗大量的精力，如果一切可以维持现状，那无疑是最安逸的生活方式。不可否认，人人都有趋利避害的本能，这也就决定了人人都想保持现状，从而不愿意轻易做出改变。诸如，每到金秋十月，很多朋友都喜欢吃大闸蟹，就是因为很爱大闸蟹的肥美，也喜欢大闸蟹的丰腴。殊不知，大闸蟹在成长的过程中需要脱壳十八次，才能从幼小的小蟹苗长成丰腴肥美的大闸蟹。这样的脱壳难道不正是人生的改变和颠覆吗？所以人生又怎能会永远地保持一成不变呢？人生必须不断地进取。

因此，人生要想取得进步，就要不断地做出改变。每次改变，都是打破旧有的自我，重塑崭新的自我。只有坚持这样去想，切实去做，我们才能在生命的历程中不断推陈出新，让人生变得更加充实且精彩。

这么多年来，云云始终过着家和单位之间两点一线的日子，也习惯了隔着电话对客户露出职业性的微笑，以平淡的声调说着无关紧要的话，安抚客户或紧张或愤怒的情绪。云云是一名客服专员，她早在结婚之前就想换一份工作，但是她已经习惯了这份工作，因此很难下辞职的决定。

结婚之后，家人又都劝说云云："虽然客服的工作不理想，但是坐在工位上安安稳稳的，负责接打电话，正适合怀孕的女性。"就这样，云云继续从事着这份工作。后来孩子出生，又因为要早早下班回家带孩子，所以换工作的事情就这样被彻底搁置了。直到年过四十，孩子已经成为初中生，云云才恍然醒悟自己已经很难再找到新工作了，她意识到自己错过了改变的最佳时机。

惯性是很可怕的，它使人墨守成规，哪怕未来很美好，也常常无法下定决心去改变。在这样的过程中，人们很容易失去自我，尽管想要改变，却又因为决心不足，总是被惯性束缚住，最终不能下定决心去改变现状。

当生活习惯成了惯性，也被强大的惯性推动着向前走，在改变和新生之间，我们就会陷入严重的矛盾状态中无法自拔。

俗话说："人挪活，树挪死。"每一个想让人生老树发出新芽的人，都要学会适时打破旧有的自我，突破和创造全新的自我，这样才能在人生的道路上不断地前行，持续地突破，持续地成就，摆脱尴尬和无奈，从而让自己变得更加鲜活，更加富有生命力。要想推动改变发生，要想让人生当下就有变化，我们就要当机立断，从此时此刻做起。

1.习惯固然会让我们生活得更好，却也会让我们陷入固有的生活模式中无法自拔，为此我们既要利用习惯的力量，也要善于打破习惯。

2.不要让生活如同死水，而要让生活成为流动的活水，这样才能保持活力，积极向上。

3.如果真的不想要现在的生活，就要抓紧时间做出决定，生命是宝贵的，时间更是转瞬即逝，我们要争分夺秒地过好人生。

矛盾箴言： 人人都想进步，但人人都惧怕改变。人的本能总是趋利避害，都想等着天上掉馅儿饼，遗憾的是世界上根本没有免费的午餐，即使成功也不可能一蹴而就。路要一步一步地走，饭要一口一口地吃，只有坚持进取，我们才能更加接近人生的巅峰。

天道酬勤，笨鸟先飞

> 天才就是百分之九十九的汗水，加上百分之一的灵感。
>
> ——爱迪生

俗话说："好吃莫若饺子，舒服莫若躺着。"人们总是喜欢安逸舒适，而不愿意让自己过得太疲惫和辛苦。遗憾的是，造化弄人，命运之手总是残酷的，大多数人在生命的历程中即使不断拼搏，始终坚持付出，也还是会遭遇各种意外和坎坷磨难。面对生活的不如意，只有真正的人生强者，才能在面对种种打击的时候始终坚持努力向前，也只有真正的人生强者，才能在成就自我的人生道路上，有着坚定不移的决心和顽强的毅力，始终都勇敢无畏地面对人生，勤奋地把握人生。

生活中，有很多人对于自己的现状都不甚满意，他们觉得自己既没有天赋也没有强大的家庭背景，凡事都只能靠自己，也许付出很多，奋斗很久，却不能达到别人一出生就拥有的人生高度。如此，几经波折。在这样的情况下，他们未免会感到很沮丧，甚至失去继续努力奋斗的信心和勇气。不得不说，这样的心态是不对的。俄罗斯化学家门捷列夫说，没有加倍的勤奋，既没有才能，也没有才华。日本儿童早期教育的鼻祖木村久一也说，所谓天才人物，就是指那些勤奋、有毅力、专注和忘我的人。古今中外，很多人都认为天道酬勤，笨鸟先飞，正是告诉我们即使在先天方面不占据优势的情况下，也应该始终坚持积极进取的精神，把很多事情尽量做到前面，这样才能得到应有的回报，也才能最终得到命运的垂青。

在放弃和坚持之间，很多人都犹豫彷徨。殊不知，所谓坚持和放弃，并非总是绝对的。有的时候，放得下是一种收获；有的时候，坚持才能笑到最后。事实上，到底是选择坚持还是放弃，并不是一成不变的，而是要根据我们自身的情况和事情的发展，才能做出正确的选择。

从最开始以菜鸟的身份进入公司，到现在成为职场上的老员工，小马已经拥有了丰富的工作经验和过硬的业务技能，但小马从不觉得自己是出类拔萃的。他很清楚，这一切的收获只是因为他始终都能坚持不放弃的信念，而且总是能够先于其他人努力付出，奋力去拼搏而已。

事实上，小马并非天生就是适合做销售的人，他为人木讷寡言，看起来不是很擅长和人打交道。为此，小马在入职三个月中都始终没有任何业绩，主管劝小马去找一份更合适自己的工作。但小马没有放弃，而是向主管申请："主管，请再给我一个月的时间，我不要薪水，只想再努力一下。"面对这样的请求，主管无法拒绝。这样，在这最后的一个月里，小马比此前更加努力了，他每天都第一个到达公司开始给客户打电话，每天晚上都最后一个离开公司，给客户发产品的报价和资料。直到在坚持到第 28 天的时候，小马终于获得了成功，签约了他职业生涯中的第一笔订单，也是公司有史以来最大的一笔订单，他获得了成功。很多同事都不看好小马，到现在真正认可和赞赏小马，态度简直有了一百八十度的转弯。在月度会议上，领导建议小马分享他的开单经验，小马腼腆地说："我哪里有什么经验可言啊，我只是笨鸟先飞而已。"

可以想象，在坚持付出而没有得到回报的情况下，小马一定也曾经有过放弃的念头闪现，但是他深知一分耕耘一分收获的道理，所以他不想轻易放弃努力，而是始终坚持，甚至是做最后一搏的尝试，不离不弃。即便是在主管劝说小马应该要放弃的时候，小马也不愿放弃初心，又给了自己一个月的时间拼尽全力。功夫不负有心人，在坚持不懈的努力之下，小马终于守得云开见月明，获得了梦寐以求的成功。

事实上，每个人都不会主动或打心底里承认自己笨，这是因为一旦给自己贴上笨的标签，无形中就相当于承认自己是失败者。在海明威的作品《老人与海》中，桑迪亚哥老人说，"一个人尽可以被打倒，却不能被打败"，说的就是这个道理。

不可否认，每个人的天资都是不同的，有的人天资聪颖，只需要付出很小的努力就能获得成功；而有的人天资愚钝，哪怕付出再多的努力也未必能够获得成功。当然，纵使天资愚钝，我们也不能轻易放弃，否则就会成为人生中彻头彻尾的失败者。我们要选择坚持和奋斗，这样你的人生才能最终因为勤奋而赢得更多的机会和成功的可能。

人生艰难，是因为我们走的是上坡路。否则，如果我们总是在走下坡路，甚至毫不费力就能奔跑出很远，就会在生命的历程中持续地退步，不断地堕落。任何时候，我们都要全力以赴做到最好，哪怕艰难，也要咬紧牙关努力前行，这样才能在人生之中无所畏惧，勇往直前。当你坚持不住时，请阅读下面三段文字。

1.当你坚持了1000次都没有获得成功时，不要放弃，你很有可能在第1001次获得成功。

2.大多数人都是天资平庸的，既然如此，就不要梦想着一蹴而就获得成功，而要脚踏实地地坚持一步一步地向前，才能到达理想之地。

3.不遗余力是远远不够的，我们必须拼尽全力，才能在面对结果时无怨无悔。

矛盾箴言：在追求进步和一不小心就退步的矛盾中，不管落后的原因到底是什么，我们都可以采取笨鸟先飞的策略在人生航程率先起航，这样未雨绸缪、笨鸟先飞，就可以帮助我们掌握主动权，也可以让我们在努力的过程中更加从容不迫，事半功倍。

战胜社交恐惧，才能突破和超越自我

命运害怕勇敢者，而专门欺负胆小者。

——塞涅卡

人生中，除了有很多可以预期的危险发生之外，还有很多情况是突发的，完全超出我们的预期，这当然会给我们造成或大或小的严重打击和伤害。为此，很多人都会感到惶恐不安，一方面很想竭尽全力做到最好，另一方面又总是心怀恐惧，生怕自己一着不慎，满盘皆输，也怕自己一不小心就陷入困境无法自拔。正是在这种心态的影响下，很多人都陷入了勇敢和恐惧的尖锐矛盾中，一方面以勇敢作为旗号，希望自己在人生道路上更加努力前行；另一方面则战战兢兢，如履薄冰，根本不确定自己未来会面临怎样的尴尬和难堪。不得不说，这种心态是非常糟糕的，对于每个人的人生而言都像是一场噩梦。

德国伟大的思想家、政治学家马克思说，交往是人类必然的伴侣。马克思认为，人是社会动物，在社会生活中，每个人都需要与他人交往。由此可以看出，社交对于每个人都是很重要的。一个人要想实现真正的勇敢，就要战胜内心的恐惧，不断地突破和超越自我。对于改变，不管是自身的改变，还是生活的改变，很多人都心生胆怯，不敢轻易做出改变。实际上，真正的改变从来不会给予我们更多的预警，它们就这样毫无征兆地突然到来，就这样在生命之中给我们出了一道难题，让我们必须竭尽全力才能解答。

在人生道路上，要想变得更加强大和勇敢，就必须处理好勇敢与恐惧的矛盾，真正地战胜恐惧，这样才能让自己的生命更加精彩。任何时候，人生都没有回头路，我们必须全力以赴才能战胜生命的艰难，才能无所畏惧，畅行人生之旅。

一直以来，皮特都是一个很胆小的男孩儿。他身材矮小，孱弱无力，班级里的男生常常欺负他，因此他每天放学都要迅速跑回家，生怕在路上又被男生们伏击。即便如此，皮特还是经常会被男生们拦住戏弄，每当遇到这种情况，他除了哭泣基本没有其他办法。看着皮特常常被同学欺负哭着回到家里，爸爸既心疼，也有些恨铁不成钢。爸爸不止一次对皮特说："你为什么那么害怕他们呢？你为什么就不能勇敢一些，也保护好自己呢？"皮特说："我也想勇敢，但是我没有他们那么高大。"爸爸语重心长地告诉皮特："皮特，我亲爱的儿子，真正的高大不仅仅指的是身材，也指的是内心。你只有内心强大，才能真正勇敢起来。"其后又有一天，皮特被男孩儿们拦住，他原本想躲避，但想起爸爸的话，他强作镇定，面对那些追赶他的男孩儿，狠狠地把书包摔在地上，大声喊道："来吧，今天我就要和你们决一死战！"男孩儿们似乎被皮特脸上破釜沉舟的表情吓住了，他们谁也不敢上前去和皮特搏斗，最终一哄而散。从此之后，再也没有人敢欺负皮特了。

爸爸说得很对，真正的勇敢不仅仅表现在高大威猛的身材上，更表现在勇敢无畏的内心上。只有心中真正充满勇气，一个人才能成为真的勇士，敢于面对生命中一切强大的事物，也敢于不断地突破和超越自我，最终成就崭新的、更加强大的自我。

事实上，人们对于外部的人和事情总是充满好奇，想要去探索，却又因为害怕和恐惧而止步不前。在这样矛盾的状态中，我们终究要做出选择，是故步自封始终在原地踏步呢，还是勇往直前始终都在前进呢？不同的选择往往决定了我们的人生呈现出不同的姿态，为此既要慎重也要勇敢果断。以下两点需要引起注意：

1.在恐惧和勇敢之间，我们要迫不及待地勇敢，不给自己恐惧的机会。很多事情，其实并没有我们想象中那么可怕。

2.外面的世界很精彩，我们要勇敢地迈出脚步，走向未知，也走向未来。

矛盾箴言： 在人生的道路上，每个人都有自己的选择，不同的选择决定了人生多姿多彩的面貌。最重要的是，不管如何选择，我们都要勇敢坚强，因为唯有以勇敢战胜胆怯和软弱，我们才能更加义无反顾地走好属于自己的人生道路。

有时，事情不像你想的那么糟糕

害怕才是我们唯一应该害怕的东西。

——罗斯福夫人

我们在决定很多事情之前，往往会感到犹豫和矛盾，甚至因此而举棋不定，不能果断做出选择，这是为什么呢？这是因为我们内心深处有着恐惧，不知道将来事情向前发展会呈现出怎样的局面，也不知道自己要怎么做才能保证争取到最好的结果。在这样忐忑不安的心态中，很多人都会感到迟疑和犹豫不定，生怕自己一旦选择错误，有了错误的开始，结局就会变得很糟糕，不可预期。

实际上，事情未必会像我们想象的那么糟糕。在做很多事情之前，我们固然要想到最糟糕的结果，但这只是为了做好最坏的打算。在做好心理准备后，也能接受一切的结果，我们再向着最好的方向去努力，这样才能心无旁骛地、竭尽所能地把事情做好，也才能专心致志，不遗余力，以至拼尽全力。然而，如果因为设想了最坏的结果就导致自己受到禁锢，变得束手束脚，甚至不敢开始，会使得我们的人生停滞不前。正如一位名人所说的，要趁着决定权还在自己手中时及早做出决定，否则时间会替我们做出决定，而且不会保证一定能得到我们想要的结局。与其这么被动，还不如把握主动。

作为一个全职妈妈，思雅从结婚开始就辞掉工作，如今已经在家里相夫教子五年了。眼看着孩子进入幼儿园小班开始了集体生活，思雅独自留在家里常常觉得生活无聊且乏味，她很想自主创业，实现自己的梦想——开一家花店。然而，很多事情都是说起来简单做起来难，思雅在经过初步调查之后，发现开花店不像她想象的那么简单，而是——要租房子、装修、确定进货渠道、开辟销售渠道等，总之是非常烦琐和复杂的。看到有这么多事情都需要亲力亲为，思雅不禁有些迟疑。丈夫鼓励思雅："既然你想开花店，就放开手去干吧，要努力去做，而不要总是迟疑不决。有些时候，事情并不像我们想象中的那么困难，说不定还会别有洞天呢！"得到丈夫的大力支持和鼓励，思雅最终开始着手开花店的准备工作。果然，很多事情想象起来难度很大，真正做起来其实并没有那么难，最终排除万难，花店顺利开张。现在，思雅每天打理着花店，有了自己的事业，兼顾着照顾孩子，过得快乐而又充实。

俗话说，开弓没有回头箭，很多事情一旦开始，就会按照自身的节奏发展，而不是外力或者某个人就能够改变的。因此，当我们在决定真正开始做一件事情之前，没必要为此而感到内心焦虑，而是要勇敢地去做。很多时候，事情一旦开始，很有可能就顺理成章向前推进，最终或许就能给予我们喜出望外的惊喜和收获。

在这个世界上，没有任何一件事情会百分之百地朝着既定方向发展。每一件事情都有两面性，或者朝着好的方向发展，或者朝着坏的方向发展。作为当事人，我们要坦然接受这两种可能性，向死而生，做最坏的打算，坚持最好的努力，这样才能让计划一切都进展顺利，并最终达成所愿。

当然，在做一件事情之初，在开始还是放弃的矛盾中，一定要相信事情会朝着好的方向发展，并为此而付出加倍的努力。这样做无疑是最为明智的，一则，作为当事人的能力会不断地提升；二则，事情本身也在不断地发展和变化。有时，事情在开始时也许还很糟糕，但是随着时间的推移和事件的推进，事情的状态也在发生改变，也许原本很艰难的事情就会豁然洞开，也会有更多的契机获得更大幅度的推进。

作为当事人，我们再也不要因为担心结果不如意，就对是否开始疑虑重重。在人生的道路上，不管前方是平坦的大路，还是充满坎坷泥泞的小路，我们都要努力向前，而不能采取畏缩和逃避的态度去面对。当我们真正成为人生的强者，相信在努力和拼搏之后，命运之神会更加善待我们，更愿意馈赠我们以丰厚的收获。以下三点需要引起我们的注意：

1.事情不会像你想的那么糟糕，你的能力也在不断地增强。

2.想好最坏的结果，朝着最好的方向去努力，也许在事情发展的过程中，就会出现我们想要的结果。

3.把不同决定的优势和劣势都列举出来，进行对比，到底如何选择就会一目了然。

矛盾箴言：不开始永远都不可能获得成功，开始之后，也许不能一蹴而就获得成功，但是随着不断地努力和持续地进取，我们一定会冲破人生的困境，走入人生的崭新境界。

第三章

沟通矛盾：

语言是心与心沟通的桥梁，也是人与人相处的噩梦

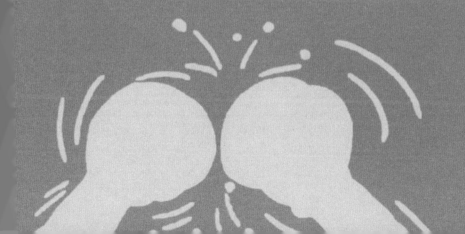

众所周知，大多数人之间进行沟通，必须依靠语言进行。如果语言沟通不到位，导致产生各种矛盾，人际相处就会非常艰难。只有顺畅的沟通，才能让人们相互了解，彼此包容；也只有顺畅的沟通，才能在人与人之间搭建心与心的桥梁，从而消除和缓解诸多矛盾，最终建立和谐愉悦的人际关系。

求助于他人，要会抬高他人

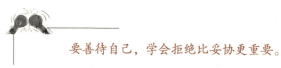

现实生活中，一个人即使能力再强，也不可能只凭着自身的能力处理好各个方面的问题，毕竟每个人的能力都是有限的。要想面面俱到处理好每一个问题，就要学会求助于他人。但是，求助他人也不是一件容易的事情。很多人都不喜欢张嘴求助于他人，主要是害怕在自己的请求和他人的拒绝之间形成不可调和的矛盾，也导致自己陷入尴尬的困境中，在这样矛盾的心理支配下，不知道如何才能合情合理地求助他人，如愿以偿地获得及时的帮助。

其实，要想求助于他人，又要避免矛盾和尴尬的出现，就要学会求助的技巧和方法。举个简单的例子，有的人很善于求助于他人，也总是能够以恰到好处的表达，成功地打动他人的心，从而获得他人的慷慨相助。而与之形成鲜明对比的是，有些人不懂得如何表达，在求助的时候无法准确表达自己的想法，也不能做到和他人建立融洽的关系。这样一来，求助很有可能就会以失败告终。

面对求助与拒绝之间的矛盾，要想获得最终的解决之道，消除矛盾，最重要的就是要求助成功，这样自然不存在拒绝的问题。掌握求助的技巧，提升求助的能力和水平很重要。在诸多打动他人的技巧中，学会抬高他人是重点中的重点，也是必须引起足够重视的需要掌握的沟通技巧。

最近，作为部门主管的老张急得如同热锅上的蚂蚁一样，这是因为他手下的一名员工要离职。老张很清楚，很有可能是因为这名员工提出的加薪请求没有被满足，所以才会对公司感到失望。但是，公司升职加薪的事情根本不归老张管，老张也只是代为申请和反馈而已。面对这样的局面，老张觉得很被动，一则他无法说服上司给该员工加薪，二则他很想继续留用这名员工。思来想去，老张决定采取合适的方式再挽留。

周末，老张请这名员工吃饭，酒过三巡，借着小醉微醺，老张对这名员工说："我当主管三年了，你是我遇到的最优秀的员工。你不但在业务方面有很强的能力，而且据我所知你和同事们也相处得非常好。人家都说能干的下属就是左膀右臂，我觉得你是我的兄弟，我很珍惜和你在一起奋斗的日子。如果你暂时还没有找到合适的工作，我希望咱们还可以继续并肩作战。你放心，你想走随时可以走。"说完，老张真诚地看着这名员工，这名员工听了老张的一番赞美之辞，似乎也感动了，笑得合不拢嘴，他对老张说："你也是我遇到的最好的领导。"直到饭局结束，老张再也没有提及这名员工离职的事情。后来，老张和往常一样重用该员工，该员工再也没有提起辞职的事情。

在这个事例中，存在着两大矛盾，第一个是这名员工提出升职加薪的请求被拒绝的矛盾，第二个是老张想挽留该员工的时候，也有可能面临被拒绝的矛盾。幸好老张把话说得非常巧妙，动之以情，晓之以理，所以最终才能得到该员工的认可，也让矛盾迎刃而解。

事实上，每个人都不愿意求助于他人，因为求助于人总有可能遭到拒绝。如果交谈对象的情商很高，或许说出拒绝的话会相对委婉；如果交谈对象的情商很低，则也许说出拒绝的话会相对生硬，让人无法接受。

从人际关系的角度而言，每个人都有可能被拒绝，每个人也都有可能被接纳。在仅仅依靠自己的力量无法解决问题的情况下，我们难以避免想要通过求助的方式来给自己增加助力，让自己变得更加战无不胜。当然，这是在求助成功的前提下。如果求助不成功，则需要想办法消除因拒绝而引起的矛盾，从而缓解因拒绝而引起的尴尬。

在此有一点需要注意的是，不管求助最终的结果怎样，有一点毋庸置疑——人人都喜欢听到好听的话，而不愿意听到所谓的逆耳忠言。虽然人们常说"忠言逆耳，良药苦口"，但其实现在很多非常苦的药物都穿上了糖衣，因此我们说话为何还要让别人听起来非常反感且不愿意接受呢？可见，只有消除沟通的矛盾，人际关系才会更加和谐，也唯有在面对拒绝的时候也始终坦然从容，积极消除沟通的矛盾，我们才能拥有良好的人际关系，才能与他人融洽相处。

要想求助马到成功，我们要做到以下四点：

1.先贬低自己。作为求助者，表现出一副趾高气扬、高高在上的样子，是不合时宜的，也很难得到他人的帮助。

2.赞美他人。要赞美他人不为人知的优点、非常突出的优点，赞美的语言要很真诚，由心而发，也要能够打动人心。

3.抬高他人。适度的奉承也是可以的，让他人知道自己是有能力帮忙的，他人自然不好意思拒绝。

4.即使被拒绝，也不要抱怨他人，而是要意识到对方是帮忙，而不是责任和义务，而且也要多多体谅对方的难处。这样的理解和宽容，才能让友谊朝着好的方向发展。

矛盾箴言：每一个求助他人的人都带着惶惑的心，他们担心自己被拒绝，却最终在无奈的情况下硬着头皮提出请求。当然，即使被拒绝，也依然要心怀宽容。

拒绝，先要摆明自身的困难

拒绝是一种权利，就像生存是一种权利一样。

——毕淑敏

和求助相比，什么是更加困难的？如果你才刚刚被拒绝，你一定很难理解有什么是比求助更难以说出口的，因为你至今还记得拒绝你的人趾高气昂的样子。但是你肯定不知道，对方在拒绝你之前，也是经过了非常细致全面的考量，才艰难地把拒绝的话说出口。从本质上而言，和求助于他人难以开口相比，拒绝他人也是一件更加艰难的事情。当代诗人汪国真说，拒绝别人一定要委婉，因为没有人喜欢被拒绝；被别人拒绝一定要大度，因为拒绝你的人总有他的理由。

面对他人的求助和自身的拒绝，两者之间，我们同样进退两难。作为拒绝者，我们甚至比被拒绝的人感到更加难堪和尴尬。在这种情况下，如何才能既达到拒绝他人的目的，又不会招致他人的反感和抱怨呢？这当然也是有沟通技巧的，需要我们熟悉和了解更多的技巧。

事实上，在拒绝他人的时候，如果我们高高在上，颐指气使，那样一定会让他人感到强烈的被藐视的感觉，也会为此对我们产生抱怨和不满。明智的拒绝者即使知道自己处于有利的位置，也不会在拒绝他人的时候表现出过度的优越感。反之，因为要拒绝他人，所以他们表现得更加谦恭，丝毫没有妄自尊大的嫌疑。

明智者拒绝他人时，会尽力想出一些合理的理由和借口。这些理由和借口或者是虚构的，或者是真实的，总而言之，有借口要比毫无理由、毫无愧疚之意地直接拒绝他人，要好得多。此外，在拒绝他人时还需要注意的是，在说明拒绝他人理由的时候，要摆明自身的实际困难，适当贬低自己，这样才能让他人相信我们不是有能力而不愿意帮忙，而的确是心有余而力不足。唯有如此，他人才不会因为我们的拒绝抱怨我们见死不救，更不会对我们怀恨在心。

小叶和小寇在大学时期就是非常要好的同学和闺密，一直以来关系都非常好。大学毕业后，不甘回到老家的小叶选择去外地打拼，安守本分的小寇则回到家乡，过上了安稳的日子。遥远的距离并没有疏远她们之间的感情，小叶每次回家一定会约小寇出来聊聊。最近，小寇所在的单位要进行集资建房，房子比市场上便宜很多，小寇忍不住想要买。虽然她还没有组建家庭，甚至连男朋友都没有，但是一想起会有独属于自己的家，她就激动不已。然而，小寇没有这么多钱，她当即打电话向最好的朋友——小叶求助。小叶虽然有几万元积蓄，但是并不想借出去，因为她的目标也是买房，在大城市里拥有立锥之地。小寇想到和小叶之间原本亲密无间的关系，担心拒绝会伤了小叶的心，为此她对小寇说："小寇，我很愿意帮你，不过不巧的是，我爸妈也刚刚在老家投资了单位的集资建房，所以我的钱都给他们用了。如果你愿意，我省吃俭用积攒几个月的工资支援你，好不好？"听到小叶这样说，小寇也觉得事情情有可原，对此无话可说，只好感慨道："哎呀，都是不凑巧，我再想想其他办法。"就这样，小叶既拒绝了小寇，也没有得罪昔日的好友。

看到这里，相信有很多朋友都会为小寇鸣不平："亏你还这么相信小叶，向小叶借钱呢！小叶根本就不想借给你，还想出这个理由搪塞你！"事实上，被拒绝的人真的对于真相一无所知吗？通常情况下，一个人如果能张口向另一个人借钱，则至少意味着和这个人走得很近，也认为这个人是可以帮助自己的。正因为如此，在被拒绝的时候，很多人才会或者感到沮丧失落，或者怀疑彼此之间的情谊，导致原本亲密友好的关系变得非常生疏。

由此不难看出，当你在拒绝他人的时候适当摆明自身的困难，这样就可以让自己的拒绝理由名正言顺，不至于因此伤害了被拒绝者的感情。毋庸讳言，人际关系总是需要用心经营才能维护好，如果我们对于身边的人总是漫不经心，肆意伤害，那么即使彼此之间有深厚的感情基础，也经不起这样的冷漠和疏远。要想礼貌地拒绝他人，我们需要注意以下三点：

1.不要因为你有拒绝他人的权利，就不假思索地拒绝他人，不讲究表达的方式和方法。

2.如果有能力，何不慷慨帮忙呢，说不定哪一天你就需要他人帮助。如果没有能力帮忙，就要说明自身切实存在的困难，告诉对方你的确是"心有余而力不足"，并为不能帮忙而抱歉。

3.即使找借口拒绝他人，也要表现出真诚的歉意，除非你想借此机会和对方一刀两断。

矛盾箴言：在拒绝他人的时候，切勿表现出不可一世的样子，否则就会导致对被拒绝者的伤害加倍。只有摆明自己的困难，告诉他人自己的确是心有余而力不足，这样才能赢得对方的尊重和信赖，也才能继续与对方保持友好的关系。

说服要动之以情，晓之以理

一个伟大的人有两颗心：一颗心宽容，一颗心流血。

——纪伯伦

在人际沟通之中，难度最大的沟通类型是什么？不是平铺直叙，而是说服他人。但人心隔肚皮，谁也不知道他人的心中在想什么，又在计划怎么做。在这种信息不透明的状态下，一个人要想说服他人，简直难于登天。这时，说服他人就会出现两种情况：一句话说得巧妙，打动对方的心，就可以让对方更加高兴；一句话说得不巧妙，让对方感到心情抑郁，对方就会很生气，甚至怒火中烧。

不管在什么情况下，要想说服他人，我们必须做到动之以情，晓之以理，而不要总是对他人漫不经心，更不要对于他人的欲望和需求完全置之不理。人和人相处，贵在交心，贵在和对方彼此信任，敞开心扉。否则，相互之间都遮遮掩掩，谁也不愿意让对方猜透自己的心思，那只会导致彼此的隔阂越来越深，完全不能信任和托付。诺贝尔文学奖得主罗曼·罗兰说，如果你想独占真理，真理就要嘲笑你了。这告诉我们没有人可以绝对正确，而对他人指手画脚。越是自以为掌握真理，我们越是要以谦逊的态度面对他人，也要以适宜的方式说服他人。

说服，不但是语言上的博弈，而且是心理上的较量。对于说服的双方而言，在没有真正实现说服之前，彼此的关系一定是对立的，甚至心理上还是互相仇视的。明智的说服者知道，一味地强求他人顺从自己是根本不可行的，最重要的是要让对方心服口服，这样对方才会心甘情愿地改变，也才会愿意接受我们的各种想法、说法和做法。这样的说服发自内心，是真诚友善的表现。

因此，要想缓解和消除矛盾，就要让说服工作事半功倍地进行，切忌牛不喝水强摁头，否则就会导致事与愿违，也会导致说服更加难以进行下去。

进入高三下学期，瑶瑶即将填报志愿，父母一致要求瑶瑶选择本省大学，这样可以离家近一点儿。瑶瑶从小就得到爸爸妈妈无微不至的照顾，在爸爸妈妈面前是个不折不扣的乖乖女，但她很想借此机会去离家比较远的大学读书。她不顾爸爸妈妈的反对，第一志愿想要填报北京或者上海的大学。

爸爸妈妈强烈反对，也找了很多亲戚朋友来做瑶瑶的工作，但是始终没有改变瑶瑶的主意。趁着周末，爸爸妈妈邀请了瑶瑶从小一起玩到大的表姐娟娟来家里做客。他们当然是想让娟娟劝说瑶瑶，但是没想到，娟娟一见到瑶瑶就说："瑶瑶，大学考得远一点儿是对的，这样才能见识到外面的世界。我那会儿就考到了上海，这才发现世界真大。"听到表姐肯定的话，瑶瑶连连点头。这时，表姐又对瑶瑶说："你就放心走吧，舅舅舅妈都交给我来照顾。"瑶瑶很惊讶："你不是还在上海吗？"表姐无奈地摇摇头说："我爸妈身体不好，就我这一个独生女，我只好放弃了工作，也和男朋友分手，回家了！"瑶瑶目瞪口呆："你这牺牲也太大了。"表姐接着说："所以你要吸取我的教训，在外面不要谈对象，找到一份工作只要能糊口即可，不要作为事业来拼搏，因为家里父母一旦有风吹草动，你就得放弃一切回老家，这样你前面的努力就全都白费了。"听了表姐的话，瑶瑶陷入了沉思。虽然表姐没有明确劝说瑶瑶，但是瑶瑶思来想去，还是选择报考省城的大学，计划将来自己毕业工作了，就把父母也接到省城去。

表姐的高明之处在于她的说服是无形的。表姐首先肯定了遥遥的宏伟志向，这样一来就和瑶瑶站在同一战线上，避免了对立关系，使得瑶瑶对于表姐所说的话表示认可。接下来，表姐又以自己的惨痛教训提醒瑶瑶未来可能会遇到的尴尬情况，即在父母需要照顾的时候，放弃在外辛苦打拼的一切回到父母身边尽孝。与其和表姐一样被动与尴尬，还不如现在就选择考入省城，在距离家近的地方读书和学习、生活和工作，这样瑶瑶才不会面临失去更多的局面。聪明的瑶瑶，在知道表姐的经历后，当然会对自己的未来早做打算。

通过这样的方式，表姐引导瑶瑶做出了正确理性的选择，也成功地说服了瑶瑶。不得不说，这次说服是非常成功的，把矛盾消除于无形，也给予瑶瑶更多的理解、体谅，从而成功打开了瑶瑶的心扉。

事实上，在说服他人的时候，切勿站在他人的对立面和他人进行沟通。要想达到说服的目的，避免因为矛盾而引起的说服工作进行不得当，导致引发更多更严重的矛盾，我们必须首先赢得被说服者的尊重和信任，这样才能在劝说被说服者的过程中，从他们的角度出发思考问题，满足他们的心理和感情需求，从而顺利打开他们的心扉，让他们更加坦诚地接受我们的语言和思想。在说服过程中，以下三点需要注意：

1.在说服之初，切勿把自己与被说服者对立起来，而是要找到自己与被说服者的共同点，或者认可被说服者的观点，从而让被说服不那么紧张和抗拒。

2.与其把大道理讲给被说服者听，不如以讲故事的方式打动被说服者的心，让被说服者主动去思考自己的观点是否正确、选择是否明智。这样一来，他们会维护自己的思维结果。

3.说服之前要摆正态度，不要觉得被说服者是高地，必须攻占下来，而是要发自内心尊重被说服者，哪怕被说服者最终不能接受我们的建议，我们也要认可他们的想法和选择。

矛盾箴言： 没有人愿意被说服，而更愿意所有人都能接受自己的观念。遗憾的是，在现实生活中，说服的工作非常常见，每个人都曾经扮演过被他人说服和说服他人的角色。既然如此，我们就要让说服发挥应有的作用，缓解和消除矛盾，而不要因为无法驾驭语言，导致说服工作进展艰难，事与愿违。

寻求谅解，必须先承认错误

过而不改，是谓过矣。

——《论语》

人非圣贤，孰能无过。在这个世界上，很多人都会犯各种各样的错误，这是因为人无完人，金无足赤，每个人都有自己的优势和长处，也有自己的劣势和短处，人不可能面面俱到做到完美。那么，如果一个人犯了错误，给他人带来困扰和伤害，甚至导致与他人之间的矛盾频繁发生，我们又应该怎么办呢？不可否认，人的本能就是趋利避害，大多数人出于本能的考虑，往往会选择为自己辩解，企图推卸责任。这样的做法非但不能消除对方心中的愤怒，反而还会导致对方变得更加愤怒，甚至歇斯底里。

无论我们怎么做，一旦错误产生，给对方带来的伤害就是不可逆转的。因此，当我们给对方造成伤害时，解释只会让对方误以为我们想要为自己开脱，而无法表明我们承认错误的诚意和真心道歉的态度。在这种情况下，我们必须第一时间道歉，主动承认错误，承担责任，这样才能有效地平息对方心中的愤怒，也表明我们真挚道歉的态度和诚意。

事实上，在伤害者与被伤害者之间，各种矛盾层出不穷。要想处理好这些矛盾，我们首先要做好的基本工作，就是把主要矛盾拎出来，即伤害者与被伤害者之间的矛盾，这样才能有的放矢地解决矛盾的根源，从而使得很多次要矛盾水到渠成得以缓解和消除。而解决根本矛盾、主要矛盾的唯一方式，就是伤害者要主动承认错误，寻求被伤害者的谅解。

刘丹和袁州结婚五六年了，时常会因为一些事情而吵架。每当因为一些鸡毛蒜皮的小事儿吵得不可开交时，刘丹常常会动起离婚的念头。而且，最让她不能忍受的是，袁州是个老好人，从来不注意拒绝异性，和异性保持适当的距离。事实上，高大英俊的袁州很得异性的欢心，单位里很多女性都喜欢和他套近乎，袁州却不能把握与异性交往的界限。

有一次，刘丹无意间看到有个女同事发信息给袁州，还对袁州说了很多出格的话。刘丹勃然大怒，当即质问袁州是怎么回事。袁州不以为意地说："这只是别人喜欢我，我又没有喜欢她。你不要那么小心眼嘛！"听到袁州云淡风轻地就把这件事情的责任推卸到了自己的身上，还说自己小心眼，刘丹更是火冒三丈。她一气之下提出离婚，袁州虽然不想离婚，却从未真诚地向刘丹承认错误，寻求原谅，而是一直在责怪刘丹小心眼、小肚鸡肠。就这样，经历了几个月的分居生活，刘丹还是坚定不移地要离婚。最终，袁州只好如约来到民政局。

民政局的调解员询问了刘丹和袁州要离婚的原因，听完刘丹诉说的事情经过后，当即批评袁州："你这位男同志，既然不想离婚，为何不反思自己的错误呢！虽然你觉得和女同事关系走得近一些也没关系，但是你的妻子却接受不了。最重要的是，你的妻子并非无理取闹，她只是对于婚姻的忠诚有更高的要求罢了。所以，你不要一味地强调自己没有做错，而是要因为你的行为失当给妻子带来了心灵伤害，而向妻子承认错误，并郑重道歉。在婚姻中，无论双方做什么，都不能完全凭着自己的心意，而是要考虑到对方的感受。"在工作人员的劝解下，袁州这才意识到自己的错误，赶紧给刘丹道歉。在得到袁州的道歉和改正错误的承诺后，刘丹委屈得号啕大哭，却不再坚持离婚了。

民政局的工作人员也许是见多了离婚的夫妻，一下子就找到了问题的症结所在。一直以来，袁州都在强调自己没有做错，却忽略了自己的行为给妻子带来的伤害和糟糕的感受。幸好他采纳了民政局工作人员的建议，积极地承认错误，真诚地给妻子道歉，才能挽回即将逝去的婚姻。

实际上，要想寻求他人的谅解，就一定要先承认错误。如果一味地为自己辩解，只能使人误解你是在推卸责任，逃避责任。当我们勇敢地承认错误，则代表我们已经意识到他人的付出，也真正做好了承担责任的准备。伟大的革命导师马克思曾说，良心是由人的知识和全部的生活方式决定的。我们都要做一个有良心的人，才能配得上别人的宽容。

事实上，你总会犯各种各样的错误，有些错误很轻，不会引起严重的后果，甚至被伤害的人对于这样的错误也会不以为意。当然，有些错误很重，一旦发生，就是生命不能承受之重，但是作为犯错误的人，我们却不能因为错误的沉重而企图逃避或者推卸责任。真正的人生强者未必身强体壮，但他们一定是非常勇敢坚定的。他们不害怕承担责任，也不畏惧面对。

要想赢得他人的原谅和宽容，我们就要做到以下四点。

1.当你犯了严重的错误，不要试图逃避责任，而是要勇敢面对。

2.哪怕你的错误很小，并没有给人带来重创，你也要表现出该有的态度，任何时候，真诚的道歉都是必不可少的，接下来才是承担责任。

3.不要强求他人的原谅，做好该做的事情，对得起自己的良心，等待他人对自己的救赎。

4.切勿自己先原谅自己，觉得自己所犯的错误无关紧要，这只会让对方更加愤怒。

矛盾箴言：寻求谅解，一定要真诚道歉，有时候一句迟来的"对不起"，就会让人的心中冰雪消融。

三明治批评法，让批评和平进行

一个人的心灵隐藏在他的作品中，但是批评却把他的心灵拉到亮处。

——伊本·加比洛尔

每个人在犯了错误之后，难免会被批评：学生被老师批评，孩子被父母批评，下属被上司批评，夫妻之间也会相互批评。既然人人都不能保证自己把每件事情都做得又对又好，批评也就成为生活中的家常便饭，时常伴随着错误、失误发生。伟大的毛主席曾经说过，人不能没有批评和自我批评，否则就无法进步。然而，人的本能是趋利避害，人人都想得到他人的认可和赞赏，而对他人的批评怀着排斥和抵触的态度，这样想来，每个人在遭受批评的时候都不会感到心情愉快，甚至非常抵触。作为批评者，面对不得不批评的状况，如何才能消除批评者进行批评和被批评者心中感到愤怒之间的矛盾呢？

俗话说，良药苦口，忠言逆耳。一直以来，人们都以这样的理由让自己肆无忌惮地批评他人，却完全忽略了批评的真正目的。要知道，批评不是泄愤，泄愤只是顾着自己痛快，把负面情绪一股脑儿地倾倒出去，而批评的目的则是为了给对方指出错误，让对方主动改正。只有实现这个目的，批评才是有意义的，也才是卓有成效的。

很多朋友都吃过三明治，觉得三明治很好吃，里面有肉有蛋，还有蔬菜和酱料。既然批评是忠言逆耳，如果我们把批评也做成三明治，又会如何呢？这样一来，批评就变成了夹心面包，被包裹着它的味道掩盖，既被犯错的人认可，又不会导致犯错的人反感，可谓一举多得。

遗憾的是，在现实生活中，很多人对于批评都是本末倒置，并不认为批评是为了改进和提升，反而把批评当成愤怒的发泄渠道，不分青红皂白就对犯错者一顿抢白，这当然是让人很难接受的。而如果采取三明治批评法，就像是糖衣包裹着苦口的药一样，让我们在得到药物治疗病症的同时，并不觉得药物难以下咽。具体而言，三明治批评法就是在批评之前先认可他人的付出，给予他人正确的评价，然后再采取适宜的方式展开批评，最后再对他人提出改进的希望，并对他人积极改进的态度表示认可和赞赏。这样一来，他人也许在被批评的时候会觉得很难以接受，而在被批评之后，得到批评者的认可和肯定，又会保持冷静的思考，觉得对方之所以为自己指出错误，完全是为了自己好，完全是为了让自己快速进步和成长，说不定还会因此而感激，更加充满动力，努力成长和进取呢！

尤其是在职场上，批评尤其艰难。很多上司在面对这样的情景时都会感到进退两难。他们在面对下属的错误时，一方面想要对下属进行批评和指正，但又担心下属因为情绪冲动而愤然辞职。现代社会，尽管人才市场上人才济济，并不缺乏应聘者，但是要想找到真正的人才，把人才培养得符合公司的要求，并不是一件容易的事情。所以，上司在批评下属的时候，不妨采取三明治批评法，从而面面兼顾，事半功倍。

面对职场新人刘俊德的表现，老朱简直无语。这个刘俊德虽然非常聪明，思维灵活，但总是眼睛里没活儿，从来不知道主动找工作去做。如果老朱不给刘俊德下达明确的指令，刘俊德就始终无所事事，整天游手好闲。在刘俊德入职之初，老朱想给他一段适应的时间，不愿意过多地批评他，但是随着时间的流逝，刘俊德表现得越来越懈怠，老朱终于忍不住批评刘俊德："你这个年轻人怎么这么懒惰呢，看看那些老员工每天都在干什么，难道还不知道自己要怎么做吗？"果然，从小娇生惯养的独生子刘俊德愤然辞职，理由就是"我爸妈都从未这样说过我"。老朱对刘俊德一个月的培养心血也都付诸东流，懊悔不已。

后来，老朱在和另外一个新员工谈话的时候，就换了一种非常好的方式："你脑子够聪明，不愧是名牌大学的高才生，我们部门里还要靠着你的灵光变得更加活跃，充满活力。不过，我觉得你如果在工作中，从被动接受任务，到主动找工作去做，就一定能更上一层楼。年轻人嘛，力气是用不完的，一定不要吝啬力气。我对你寄予厚望，希望在我实现晋升之前，你能成长为合格的接班人！"年轻人听到这样的一番话，当即把老朱当成自己的伯乐，对老朱说："放心吧，领导，我一定会努力加油的！"

同样的话，换个不同的方式说出来，就会起到不同的效果。如果老朱对手下的每个人都像前面那样说，那只怕部门里人员流失率会很高，甚至会变成一个"培训班"源源不断地向外输出人才。作为一个成功的管理者，首先要做到的就是发展壮大自己的队伍，这样才能让团队变得兵强马壮。能招聘来人，会带人，还是远远不够的，更重要的是还要能够把人留住，为自己所用，这样才是水平高超的管理者，也才能带着精兵强将打天下。

很多时候，在批评他人的时候，先认可其之前的付出，再说出批评的话，最后还要以期望作为赞赏的表达来收尾，这样就会把批评变个模样，让批评更容易被接受，被消化吸收，从而起到最好的作用和效果。由此可见，善于批评的人，不仅有着很高的智商，而且有着极高的情商，知道人与人相处的重点是什么，也知道怎样才能把批评的话说得打动人心。以下三点需要引起注意：

1.把批评变成"糖衣炮弹"，让忠言不再逆耳。同样的话以不同的方式说出来，会有不同的效果。

2.发自内心地认可他人此前的付出和贡献，再对他们提出"意见"，这样的批评不动声色，效果却很好。

3.批评之后，不要忘记表达信任、表达期望，这会让被批评者心中充满希望，而且不至于沮丧绝望，甚至彻底放弃努力。俗话说，打一巴掌，再给一个甜枣吃，就是这个道理。

矛盾箴言：良药苦口利于病，忠言逆耳利于行。然而，没有人想吃苦药，也没有人想听逆耳之言。在沟通过程中，如果我们能够对语言进行包装，隐晦曲折地表达批评的意思，那么相信批评的效果一定会立竿见影！

第四章
夫妻矛盾：
两情若是久长时，又岂在朝朝暮暮

夫妻之间的所有矛盾都源于太在乎彼此。

在这个世界上，除了最亲的父母子女关系之外，夫妻关系最为亲近，甚至超过了手足关系。这是因为夫妻是相伴一生的伴侣，也是在人生道路上相互扶持的伙伴。然而，夫妻关系又不同于亲子关系、手足关系，这是因为夫妻之间并没有血缘关系作为基础，在朝夕密切相处的过程中，又常常因为各种日常的琐事而产生摩擦和矛盾。夫妻之间的所有矛盾都源于太在乎彼此。俗话说，"夫妻好比同林鸟，大难来临各自飞"，这也告诉我们夫妻关系的不稳定性和多边性。与此相对的是，也有的夫妻坚持"在天愿作比翼鸟，在地愿为连理枝"。由此可见，妥善处理好夫妻之间的矛盾，对于增进感情、稳定家庭有着重要的作用和影响力。

聚还是散，都是性格说了算

笨男人笨女人结婚；笨男人聪明女人离婚；聪明男人笨女人婚外情；聪明男人聪明女人浪漫爱情。

——于丹

近些年来，离婚率节节攀升，很多情侣选择相伴一生的理由很简单，决定时堪称草率，要分手时也总是当机立断，丝毫不会迟疑。在针对全国人民婚姻状况的一项调查中，研究者发现很多夫妻之所以离婚，都是因为性格不合。这不由得让我们感到纳闷儿：性格不合到底是个什么东西，为啥总是给离婚背锅呢？

现代社会随着婚恋自由观念的普及，父母之命、媒妁之言的婚姻早已不复存在，大多数情侣走到一起都是自由恋爱，即使是在他人的介绍下相识，最终是否携手走入婚姻的殿堂也完全是彼此协商一致做出的决定。既然婚前有所了解，为何婚后还会出现性格不合的情况呢？调查发现，一则是因为婚前的相处时间有限，了解不够深入；二则有可能是很多共同生活之中的问题是在婚后才暴露出来的；三则是有些人比较善于伪装，在婚前把自己伪装得很完美，婚后反差太大而引起爱人的不满；最后一个原因，也是最重要的原因：如果离婚没有特别明确尖锐的矛盾，例如第三者插足、对方生理或者精神方面有严重缺陷，或者不想把真实的原因公之于众，则人们往往都会选择以性格不合作为分手和结束婚姻的理由。

聚还是散，这期间的矛盾不仅仅关系到曾经相爱的情侣，在有孩子的家庭，还会关系到孩子，所以单纯以性格不合作为离婚的理由，是非常不负责任的。不可否认，夫妻之间或许有不可调和的矛盾，但是只要双方都朝着解决问题的方向一起努力，这样的矛盾并非永远都会存在。在这个世界上，从未有两片完全相同的树叶，更没有两个完全相同的人。每个人都是独一无二的生命个体，有自己的脾气秉性、兴趣爱好。夫妻原本是陌生人，因为彼此之间产生好感而走到一起，决定共同生活，可以说这已经是极大的缘分。伟大的思想家、革命家、政治家马克思说，半个球是不能滚动的，每个成年人要想美好地度过一生，就只有与自己匹配的另一半相结合，这样才能成为一个完整的球。因此，不管因为什么原因，切勿轻易放弃婚姻的延续，事实上即使和别人在一起也要面临性格的磨合，那么为何不从现在就开始努力地调整心态，主动地改变自己，从而与对方更好地相处呢？

遗憾的是，在现实的婚姻中，有太多的人都更多地想要要求他人做出改变，而自己却不愿意主动做出改变。当夫妻双方总是强求对方改变，可想而知矛盾将会升级，也会更加无法调和。还有很多夫妻只是生活习惯有所不同，就不能相互妥协，最终发展到性格不合离婚的严重程度。其实，人生一世，需要面临和解决的矛盾很多，如果遇到小小的困难就马上退缩，或者放弃，人生一定会随之退步，而无法获得完美的人生。

很久以前，有一对夫妻，丈夫来自无锡，最爱吃甜食，妻子来自四川，最爱吃辣，简直无辣不欢。结婚之前，他们爱得死去活来，每次去餐馆吃饭都会主动为对方点适口的食物，就这样一路浓情蜜意走入婚姻之中。当爱情的浪漫变成了柴米油盐酱醋茶的现实后，他们为了吃饭的问题爆发出了无数次矛盾。谁都想吃自己爱吃的食物，当丈夫做饭，就以甜口为主，当妻子做饭，就以麻辣为主。争吵的次数多了，问题就不再是简单的菜品口味，而是变成了质疑对方是否爱自己。有一次，丈夫又做了甜排骨，而妻子最想吃的却是麻辣排骨，一气之下，妻子回了娘家。得知女儿吵架离家出走的缘由，妈妈不由得感到好笑，对女儿说："夫妻在一生之中需要携手渡过的难关还有很多，如果你们因为这点儿小问题就想分开，那么未来怎么能经历大风大浪呢？最好的夫妻关系是相互疼爱，就像你说他以前去饭馆总是为你点爱吃的水煮鱼一样，你为何不能主动做他喜欢吃的食物呢？"在妈妈的开导下，妻子计划乖乖回家，做一桌子甜口的美食，等丈夫下班。但到家后，妻子惊喜地发现丈夫带回来一条鲜活的鲈鱼，原来丈夫也想着做好了水煮鱼就去接妻子回家呢！在此后的日子里，妻子总是做甜口的菜品，然后为自己准备一碟辣酱；丈夫则总是戴着如同防毒面具一样的改良版口罩做麻辣的菜品，而在吃饭的时候为自己准备一碗清水。

可见，所谓的性格不合，大概就是谁也不愿意让着谁，从恋爱中的争先恐后在对方面前表现，到结婚后人人都为了自己的利益寸步不让，结果争吵的次数多了，原本很合拍的性格也会被打磨得棱角分明，丝毫不合。

在婚姻生活中，明智的夫妻总是先改变自己，再在潜移默化中改变对方，而不会始终强求对方改变。这就像是两个人相向而行，如果各自向前一步，则彼此之间就近了两步，反之，如果各自后退一步，则就远了两步。总之，夫妻之间是越走越近，还是渐行渐远，其实就取决于各自迈出脚步的方向。夫妻之间，要想结合成为一整个球，要做到以下三点：

1.当矛盾发生，先从自己身上找原因，改变自己，而不要试图改变对方。显而易见，改变自己比改变对方更容易，还能减少矛盾。

2.对于生活中琐碎的小事情，不要斤斤计较，既然有缘组建家庭，彼此包容和相互理解就是必不可少的。

3.对于每一对夫妻而言，性格不合是必然的，在磨合的过程中，一定要多多适应对方，才能更快地磨合好。此外，还要尊重对方的个性，而不要强求对方变成你所期待的样子。

矛盾箴言：离婚的夫妻并非真的性格不合，只是在面对矛盾的时候，彼此都寸步不让而已。不要让所谓的个性暴露出你在婚姻中的自私，与其自己满足自己，不如先去满足对方，然后让对方满足自己，这样的关系才会更加友善，感情也会日渐亲密和深厚。

金钱与爱情，到底哪个更重要

只为金钱结婚的人是邪恶的，只为爱情结婚的人是愚蠢的。

——约翰逊

挪威戏剧家易卜生说，婚姻是对人最大的考验。的确，尤其是在爱情与金钱狭路相逢的时候，婚姻和爱情之间的关系就变得更加复杂和微妙。记得在某大型婚恋节目中，有个女嘉宾说出了一句让在场的人都非常震惊，也引起广大网友热烈讨论的话——宁愿坐在宝马车里哭，也不愿意坐在自行车上笑。不得不说，现代社会发展速度飞快，整个世界都处于日新月异的变化之中，很多人对于爱情的观念都有了很大的转变。尤其是在快餐时代里，人人都奢望速成，不管是对于学习、工作还是对于爱情、生活，都恨不得在最短的时间里收获最多。然而，古人云，欲速则不达，有的时候快就是慢，有的时候慢反而是快。

现实告诉我们，钱虽然不是万能的，但是没有钱却是万万不能的。如何才能得到钱，是很多人都在苦苦思索的问题，也有很多年轻漂亮的女孩儿借着人生的第二次投胎——结婚，打起了迅速获得财富的主意。当然，她们更渴望在收获爱情的同时收获财富，如果必须在金钱与爱情中选择其一，有一部分女孩儿可能会选择金钱，当然也有很多女孩儿忠诚于爱情，会选择爱情，她们更愿意和所爱的人一起努力奋斗，虽然日子会过得艰难，但是却会踏实、有爱。

金钱与爱情，到底哪个更重要，不同的人对此有不同的衡量和选择，我们对于他人的选择无权干涉，也不能横加阻挠，但是对于自己的选择却要不忘初心，坚定不移。相信每一个在金钱与爱情中做出抉择的人，都已经明确了金钱和爱情对于人生的含义，但是他们未必真的能够预见到自己将会因为选择而付出怎样的代价，承担怎样的后果。

玛丽的家很穷，她从小就看惯了父母为了钱而发生争执、吵架，甚至是打架，也厌倦了穷困的生活。她小小年纪就立志要摆脱穷困，发誓长大之后不再为生活所迫，也不再为钱发愁。为此，玛丽非常努力用心地学习，考上了好大学，毕业后还继续努力奋斗，找到了好工作，也认识了更多的有钱人。最终，玛丽遇到了富二代，被富二代强烈追求，很快就决定嫁给富二代，当豪门太太。在盛大的婚礼上，玛丽得到了很多女同学的羡慕，然而好景不长，才半年时间，玛丽就发现丈夫出轨了，和一个超级模特纠缠在一起。面对这样昙花一现的爱情，玛丽很犹豫，她刚刚怀孕，既想离婚，又担心自己无法养活孩子。原本，她天真地期望丈夫能够回心转意，不再和超级模特逢场作戏，直到有一天，超级模特也找上门来，说自己比玛丽更早怀孕。玛丽心如死灰，当即选择离婚。她没有得到一分钱的财产，生下孩子之后，她把孩子交给父母抚养，自己则在职场上努力打拼，最终成为公司的高层管理者，她不再依赖任何人。玛丽终于觉得有底气：我不会再因为金钱而选择婚姻，而是可以全心全意地追求真正的爱情！

事实上，那些认为金钱更重要的女孩儿，她们通常难以避免坐在宝马车里哭的命运。当然，这不是说我们因噎废食，不能和有钱人谈恋爱，而是告诫我们，当想携手走入婚姻，一定要选择真心相爱的人，而不要在乎对方是有钱还是没钱。对于真正爱的人，哪怕对方没钱，也可以义无反顾地选择和对方一起奋斗；哪怕对方有钱，也不要因为担心对方太有钱，而放弃与对方携手并肩。

爱，是两个人选择共同度过漫长人生的唯一决定因素，而不要被金钱、物质和权力蒙蔽了眼睛。当然，巧妇难为无米之炊，在步入婚姻之前有一定的物质基础也是很有必要的，这会为你们的婚姻生活锦上添花，也会让你们的婚姻生活更美好、更浪漫。

女孩儿们，当面对选择爱情还是金钱的矛盾时，不要犹豫彷徨，也不要迷失本心，而是要选择坚定不移地相信自己内心的感受和对于爱情的憧憬渴望，与那个真心与你相爱的人一起携手步入婚姻的殿堂，开始幸福美满、比肩而立的婚姻生活。正如中国台湾大名鼎鼎的作家舒婷所说，不要作为藤攀附在爱人身上，而要作为树与所爱的人站在一起，枝叶在风中挥手致意，根部在地下缔结连理，这样才能与爱人共同成长，缔造幸福美好的人生。要想让婚姻在爱情与金钱中获得平衡，明智的夫妻一定要正确对待金钱，也忠诚地守护住自己的婚姻。要做到以下四点：

1.俗话说，没有钱是万万不能的，但是金钱从来不是万能的。要用金钱为美好的生活奠定基础，而不要让金钱成为爱情的负累。

2. 尽管巧妇难为无米之炊，但是有情饮水饱，真正的爱情至上主义者切勿在金钱面前妥协，否则就会受到爱情的惩罚。

3.和为了钱嫁给一个人相比，为了爱与一个人在一起并肩奋斗显然是更浪漫和务实的事情，也会带来美好的结果。

4.不为了钱违背自己的心意，却也不要因为钱而远离自己所爱的人，每个人都要相信爱情，相信自己。

矛盾箴言：嫁给爱情，还是嫁给金钱，无论单纯地选择其中的哪一项，在如今这个竞争激烈、生存艰难的时代里，似乎都不是最好的选择。作为女孩儿，当然可以选择嫁给真心相爱的穷小子，前提是要看到这个穷小子的努力和拼搏，也要下定决心和穷小子一起奔向充满希望的未来。

学会欣赏，不要把爱人与他人比较

婚姻的难处在于我们和对方的优点谈恋爱，而和对方的缺点共同生活。

——彼得狄雄

很多夫妻之所以总是发生矛盾，就是因为比较。男人喜欢把家里的"黄脸婆"和单位里光鲜亮丽的女同事比较：人家和你一样大，看起来却比你小好几岁，穿衣服还很得体，带到哪里都有面子。女人也喜欢把家里被称为"窝囊废"的男人和事业有成的男同事或者隔壁老王进行比较：看看人家老王，还比你小好几岁，毕业的大学也没有你好，但是人家混得风生水起，听说最近买了别墅要搬家了！你呀，什么时候才能和老王一样多多挣钱，也给我们买套大房子呢！在这样的比较中，原本非常和谐愉悦的家庭气氛马上尴尬起来，如果爱人正巧是个急脾气，就很有可能当即开始针锋相对，谁也不愿意让着谁，最终发展为互相攻击，导致交谈无法继续下去。

作家巴法利·尼克斯说过，婚姻就像是一本书，书的第一章是诗篇，而后面的内容则是平淡的散文。遗憾的是，大多数的人在看过爱情和婚姻的第一章后沉迷其中，不愿意接受后面的平淡。正因为如此，人总是喜欢比较，总是觉得自己拥有的不够好，为此看到别人拥有的一切时立马就生出羡慕之情。如果比较只是限于普通的物质尚且还好，如果是金额很大的贵重物品，例如上千万的别墅，从几十万到几百万的车子，则往往很难实现愿望。如果比较的是活生生的人，则更不具备可比性。例如，隔壁老王就是很善于做生意，而你的爱人则是个不折不扣的书呆子，只能做学问，在清水衙门的学校里当教授。在这种情况下，不管你怎么比较，你的丈夫都不可能和隔壁老王一样发财，成为商人。对于这样无解的矛盾，每次说起来只是弄得大家都不高兴而已，要想彻底解决这个问题，最终也就只有离婚这一条路可以走了，因为必须在离婚之后才能重新进行选择。但是，你能保证自己真的会得到一个富商的爱吗？因此，如果你从心底并不想离婚，那么还是少进行这样的比较为妙，否则只会伤害夫妻感情，导致彼此之间陷入各种矛盾和困顿之中无法自拔。

明智的人不会总是把爱人和其他人进行比较，这是因为江山易改，秉性难移，也是因为每个人都有自己所擅长和喜爱的，并不会为了满足其他人的要求就去轻易改变自己。既然爱一个人，首先就要尊重他。爱，是包容和接纳，而不是苛求和改变。只有透彻理解爱的真谛，我们才能与爱人更好地相处，与爱人建立更深厚的感情。

朱莉万万没想到，丈夫居然会提出离婚。在朱莉心中，丈夫是一个老实巴交，甚至有些迂腐和无能的人。丈夫很爱朱莉，为了避免朱莉做饭的时候被油烟熏到，丈夫结婚后主动承担起做一日三餐的重任，而且从来不让朱莉洗衣服。对此，朱莉在结婚之初觉得很幸福，但是随着有了孩子，家里的经济压力越来越大，她越看丈夫越不顺眼。

一天晚上，一家三口正围坐在桌边吃饭，孩子说起学校里要举办去国外游学的活动。朱莉一听说要三万元的费用，当即对孩子说："家里没有这笔钱，你趁早还是别想了。"孩子却很想去，说："老师说去国外可以开阔眼界……"朱莉毫不客气打断孩子的话："我当然知道出国能开阔眼界。可是你问问爸爸，如果他能有三万元私房钱给你出国游学，那么你就去吧！"丈夫瞪着朱莉，说："你知道我从来没有攒过私房钱！"朱莉忍不住冷笑："是啊，你一共就那么点儿工资，再去掉私房钱就没了，根本没法藏！不像楼下的杜江，人家的零花钱都够孩子出好几次国了，当然不会为这种问题烦恼！"这已经是朱莉不知道第多少次说起杜江了，丈夫实在忍无可忍，大声说："既然你觉得杜江好，那咱们就离婚，你去找杜江吧！看看人家能否看上你，这样总行了吧？我这样的人一辈子就这样了，我看很多人从未出过国也过得挺好！"看到爸爸妈妈开始争吵，孩子连饭都没有吃完，就赶紧躲到房间里。

　　一个男人即使没有成就，自尊心也会特别强，尤其是在当着孩子的情况下，他们绝不愿意被妻子说得非常不堪。作为妻子，要意识到当着孩子的面贬低丈夫，把丈夫拿去和他人比较的弊端。首先，如果不选择离婚，妻子没法换丈夫，即使离了婚，孩子也没法换父亲。妻子当着孩子的面把丈夫和其他男人比较，贬低丈夫，不但伤害了丈夫的尊严，也损害了孩子心目中父亲的形象。对于孩子的成长而言，如果父亲的形象从来都不是高大的，则很容易导致孩子缺乏榜样，失去自信，变得很自卑。其次，这样的比较也是毫无意义的。就算不比较，如果妻子觉得实在无法忍受丈夫，也可以提出离婚，何必又要以比较的方式把对方打击得体无完肤呢？夫妻之间一定要好合好散，这样才能尽量减少对于孩子的伤害。最后，妻子在把丈夫和其他人进行比较的时候，不要忘记把自己也和那个优秀男人的妻子进行一番比较。夫妻之所以能够走到一起，选择组建家庭，一定是有相似之处的，而优秀男人的背后往往会有一个优秀的女人在默默地支持和付出。作为妻子，要先对自己提出要求，再对丈夫提出要求。

不可否认，夫妻的感情并不是始终坚若磐石，尤其是在感情出现危机的情况下，一定要针对问题想办法解决，而不要总是漫无目的地打击对方，伤害对方。如此，一旦感情破裂，再想破镜重圆就会很难。反之，男人同样如此，不要总是把妻子和其他女人比较。因为很有可能男人所欣赏的女人有一个很能赚钱的老公，或者养育了孩子有公婆帮忙带，不需要女人自己劳心费力。每个家庭的具体情况各不相同，简单比较根本毫无意义。当男人真正意识到妻子是怎样在操劳整个家庭的过程中变得衰老和疲惫，就会更爱这样的糟糠之妻。当然，这也不是说女人可以肆无忌惮地把自己变成"黄脸婆"，真正成功的女性既要上得厅堂也要下得厨房，是非常优秀的。

总而言之，不管是男人还是女人，都要戒掉比较的坏习惯，不但不把对方与他人比较，也不要把孩子与其他孩子比较。真正的爱是全盘接纳，宽容以待。中国作家、思想家柏杨说过，为了爱情的继续，婚姻的美满，妻子要取悦丈夫，丈夫也要取悦妻子，至于如何取悦，却是一种高级的艺术。的确如此，夫妻相爱需要用心，夫妻相处则需要取悦。明智的夫妻拥有幸福的婚姻，是因为他们知道如何取悦对方。以下三点需要引起注意：

1.作为妻子，不要总是责怪你的丈夫不够优秀，要记住你曾经爱上的就是这个不够优秀的他。

2.作为丈夫，不要嫌弃妻子变成了"黄脸婆"，多想想妻子为这个家付出了多少。

3.取悦的方式有很多,妻子浓妆淡抹总相宜,为了让丈夫赏心悦目,把自己变得更美丽,这是明智的做法;丈夫当然要更加努力拼搏,以实力赢得妻子的崇拜,经常为妻子准备小礼物,设计生活的浪漫,这都是取悦的好方法。

矛盾箴言: 比较是最伤害夫妻感情的一种争吵方式,非但不能解决矛盾,反而会导致矛盾更加激化和升级。明智的夫妻不管因为什么问题发生争吵,都绝不会以比较的方式对对方进行反驳和攻击。

感情若是铜墙铁壁,第三者如何乘虚而入

婚姻是爱情的坟墓,每个人一旦走入婚姻,
既要防止自己迁坟,又要防止他人盗墓。

——丁仰国

现代社会,离婚率越来越高,除了性格不合这个原因之外,感情变得浮躁、肤浅,社会发展节奏急剧加速也是一个很重要的原因。前段时间网络上有一则新闻,一个中年女性全身上下的穿着也就值几百块钱,她的丈夫是一家公司的老总,带着全身名牌的小三出双入对。最可悲的是,这位女性还被丈夫欺骗,净身出户离了婚,而丈夫说服女性离婚的理由很简单:离婚之后,才能获得购房

资格为孩子购买学区房。而实际上，丈夫的目的只是离婚而已。发现真相的女性简直觉得天塌了，不要命地找到前夫哭闹，坐在前夫的车前盖上想阻止前夫离开。让她万万没想到的是，前夫开着车带着小三，就这样顶着她往前行驶。难怪古人说"夫妻本是同林鸟，大难来临各自飞"，现实的状态比同林鸟更糟糕，有太多的夫妻可以一起吃苦，而一旦有了钱，反而更容易导致家庭的破裂。

这则新闻中的女性对丈夫一心一意，对家庭全身心投入，此前还在丈夫的公司里担任会计的职务，后来被丈夫安排回家相夫教子，原本以为是共同打拼之后苦尽甘来，但最终却落入惊天的骗局。她不得不面对自己和小三的矛盾，面对自己和丈夫的矛盾，也面对维持家庭和结束婚姻的矛盾。这么多的矛盾一起涌现出来，往往让当事人受到极深的伤害和沉重的打击。

举世闻名的哲学家列夫·托尔斯泰曾经说过，同样面对婚姻，有些人把婚姻视为儿戏，而有些人则把婚姻视为世界上最庄重的事情。婚姻生活要想幸福，男人和女人对于婚姻的观念和态度要一致，这是最根本的前提。现实生活中很多人都说，女性往往在婚姻生活中处于弱势地位，这是因为受到传统思想的影响，大多数家庭里依然以男性工作为主，女性则多是一边工作一边照顾家庭，所以在工作上很难得到好的发展。也有些男性赚钱比较多，就会选择让女性辞掉工作，在家相夫教子。就像《我的前半生》中的罗子君，自从大学毕业后就靠着丈夫养活，随着丈夫升职加薪，她渐渐习惯了养尊处优的生活，除了购物之外几乎什么都不用做，个人能力急速退化。在这种情况下，罗子君既无法体谅丈夫在外打拼的辛苦，与丈夫之间的共同语言也越来越少，还逐渐失去了独立的经济地位。最终，在丈夫爱上了一个单亲妈妈时，她彻底懵了，不知道自己哪里做错了，就这样失去了丈夫的爱，也不知道自己应该如何继续生存下去。不得不说，虽然丈夫出轨是有错在先，但是罗子君让自己在家庭生活中处于如此被动的地位，从一开始就注定是输了。

不管是男人还是女人，在家庭生活中一定要有独立的经济地位。所谓经济基础决定上层建筑，这个原理不但适用于国家，也适用于小家。婚姻生活要想保持稳定的状态，作为婚姻双方的男人和女人在经济上就要平等。当然，这里所说的平等并非指的是赚取的钱要绝对同样多，因为每个人从事的工作不同，所以收入不同也是正常的。不过，夫妻的收入不能相差太大，也不能一个人挣钱，一个人花钱。很多漂亮女孩儿常说的"男人负责挣钱养家，我只负责貌美如花"，这只是基于浪漫的爱情，而生活一旦落实到柴米油盐酱醋茶的琐碎之中，就不可能始终是这样的状态。

因此，要想让感情变得更加坚固，夫妻双方都要为家庭贡献属于自己的一份力量。在一起奋斗的过程中，彼此之间才会更加理解，关系也会变得更牢固，感情也会变得更深厚。否则，任何一方如果只知道索取，长此以往，渐渐地就会被对方快速的成长甩下去，惨遭淘汰也就在所难免。那么，在现实生活中又要如何经营好夫妻感情呢？

我们看到很多人总觉得只要有钱就能解决一切问题。实际上，在不对等的婚姻中，坐在宝马车里哭的女孩儿不在少数。也有的女孩儿选择和所爱的男孩儿一起努力奋斗，改变命运，渐渐地，终于把生活过得越来越好。在这种情况下，夫妻感情当然比前者更为稳固，但这并不意味着夫妻任何一方就可以懈怠。感情是消耗品，在生活的琐碎中总是会被渐渐地消耗，很多人没有意识到消耗，也就不会用心去维护，结果导致夫妻之间越走越远，感情渐渐淡漠。事实上，不管是在贫穷时，还是在富裕时，也不管是在落魄时，还是在得意时，夫妻都要做到夫唱妇随或者妇唱夫随，这样才能构建和谐的家庭生活。不可否认，每个人都会生病，婚姻也会生病。当婚姻出现异常，夫妻双方，如果哪一方把对方逼得落荒而逃，那么他承担的责任就会更大。以下三点需要引起注意：

1.不管是丈夫还是妻子，在婚姻生活中都不要太过强势，如果使对方在家庭生活中感到喘不过气，那么对方很快就会从围城里逃走。

2.女人要对自己好一点儿，现代社会并不提倡女人做婚姻里的苦行僧，一味地以奉献的精神为家庭献出一切，而迷失了自己，这是要不得的。赚了钱，多给自己花一些，提升自己，对丈夫充满吸引力，婚姻自然稳固。

3.俗话说，苍蝇不叮无缝的蛋，当第三者出现，就意味着婚姻出现了裂缝。这种情况下，攘外必先安内，否则就会使自己陷入内忧外患之中，根本无力保全婚姻。

矛盾箴言：婚姻中，当一方还生活在甜蜜深厚的感情中，而另一方早已移情别恋，则矛盾应运而生。作为婚姻的当事人，我们必须实时负责维持和修葺婚姻，否则婚姻就会像年久失修的房子一样轰然倒塌。

婚姻需要生态的平衡环境

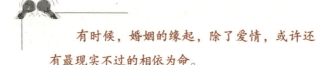

有时候，婚姻的缘起，除了爱情，或许还有最现实不过的相依为命。

——叶萱

对于爱情怀有浪漫想法的小女孩儿，觉得促使相爱的人走入婚姻的唯一理由就是爱情，实际上，促使人们组建家庭的原因非常复杂，有很多人都因为各种各样的原因选择走入婚姻，这也直接导致婚姻以千万种姿态呈现在人世间，更有太多的人在婚姻之中尝遍世间的温情与友善，也尝遍人心的残酷与冷漠。

在这个世界上，并没有绝对的公平，也没有绝对完美的人。有的时候，两个好人在一起未必能过得很好，但是两个不那么完美的人在一起，却能组建合适的家。家是女人的梦想，而女人则是男人的梦想。男人和女人要想把梦想变成现实，就要彼此包容，维持良好的婚姻生态环境。每个人的需求是不同的，有的人吃二两水饺就饱了，而有的人却要吃五两水饺才能饱，难道我们能强求吃二两水饺的人也必须吃五两吗？看起来这是强求质量上的平等，实际上却会导致当事人撑得胃疼。从这个意义上讲，真正的公平是让每个人都得到适度的对待，使得每个人的需求都得以满足。有人说，婚姻如人饮水，冷暖自知，也有人说婚姻就像是一双鞋，是否合脚只有脚知道。在世俗的观念中，幸福的婚姻要具备很多的条件，实际上，幸福的婚姻各有各的幸福，而不幸的婚姻则都是因为失去了生态的平衡环境。

众所周知，在大自然里，各种生物之间是有平衡关系的，在环环相扣的链条中，哪怕只是少了一个链条都是不行的。在草原上，生活着很多狼，这些狼常常会袭击羊群，为此猎人把狼杀掉。但是次年更严重的问题表现出来，原来因为没有狼的威胁，野兔泛滥成灾，把草地都啃干净了，羊群根本没有充足的草场。牧羊人意识到狼的重要作用，只好从其他地方引进了几只狼放入草原，经过一段时间，狼繁衍生息，对野兔展开捕杀，野兔数量逐渐减少，草原才得以休养和重生。从这个简单的生物链我们可以看出，看似是破坏大王的狼有的时候会偷吃羊，但实际上对于羊的繁殖和成长却又起到了积极的作用。

在婚姻之中，也需要维持一种平衡关系，才能让婚姻更好地维系下去。然而，作为家庭的两根支柱，夫妻的付出不可能是绝对相等的。有的时候，妻子更倾向于家庭，丈夫则更侧重于工作。从表现形式上他们对于家庭的贡献不同，而从本质上看，他们对于维持家庭平衡起到了积极的作用。在家庭生活中，最可怕的是，一个人对于家庭毫无付出，而另一个却总是在对家庭拼尽所有，长此以往，家庭关系失去平衡，就会导致夫妻内心的天平倾向于一侧。法国作家摩路瓦说，在幸福的婚姻中，每个人都应该尊重对方的趣味与爱好，千万不要错误地以为两个人会有相同的思想、判断和欲望。还有人说，没有冲突的婚姻，就像没有危机的国家一样根本不存在。如何在这样的危机重重和各种不同中，保持微妙的平衡状态，就是经营婚姻者必须考虑和做好的事情。

微澜是一名老师，她的丈夫刘峰是一名销售人员。众所周知，销售工作的性质非常特殊，有的时候哪怕拼尽全力付出也未必会有收获。这一年多以来，因为所在行业受到国家政策的影响，刘峰的生意非常惨淡，整个市场都陷入冰冻状态。作为老师，微澜收入相对稳定。

在很长的一段时间里，刘峰收入都很差，微澜只能拼命工作，勉力支撑整个家庭的开销。一开始，微澜还时常安慰刘峰："没关系，坚持一下，等到市场好转就行了。"渐渐地，刘峰从内心不安到心安理得，也就总是顺水推舟地说"政策不好，没生意做"。面对丈夫的种种借口，微澜越来越紧张，压力越来越大，情绪时常波动。有一次，孩子不小心摔断了腿，微澜整个人都崩溃了，她冲着丈夫痛哭失声："你作为一个男人，你就这样对待自己的工作和家庭吗？混吃等死，把你所有的压力都放在我的身上，我是神仙吗？我能一天二十四小时工作也不觉得累吗？你总是说目前的这份工作不好干，可是你有想过全家人每天都要吃饭，一顿饭也不能少吃吗？对你而言，市场不好真是个绝佳的借口，这样你还能避免吃软饭的骂名呢！"刘峰目瞪口呆听着微澜的哭诉，细想这一年多微澜既要还月供又要养孩子，还要负责全家的吃喝拉撒，他这才意识到微澜是如何熬过这段时间的。他当即对微澜表态："媳妇儿，放心吧，我明天就去找新工作，你实在太累了。"听到丈夫说出这句话，微澜又委屈地大哭起来。

现代社会生存的压力非常大，不管是作为男人还是女人，如果只是从事普通的工作，要想靠着一个人的力量养家糊口是非常艰难的。事例中，微澜作为一个女人一直支持丈夫，鼓励丈夫，在艰难的时刻仍旧毫无怨言地支撑起整个家庭，实在很难得。但是作为丈夫的刘峰却在妻子的支持下变得越来越懒惰，安于现状，找了一个借口就不愿意寻求改变，而总是让自己被动地等待政策回暖，从而放弃寻找积极改变的机会。的确，我们可以等待工作的环境好转，但是有家的人需要养家糊口，难道家人也可以不吃不喝地等着吗？

任何时候，不管发生什么事情，一个有家庭责任感的人都不会被动地等待，而是会积极地想办法，和伴侣一起努力奋斗，共同渡过难关。很多时候，我们受困于外部的环境，但是如果不能改变环境，就要积极改变自己，让自己积极地迎接和面对各种糟糕的情况。只有把主动权把握在自己的手中，我们才能始终维持家庭的平衡状态。毫无疑问，平衡涉及方方面面的因素，就注定了我们必须面面俱到做到最好。

1.任何时候，都不要被动地等待命运的宣判。当爱人充满希望地看着你，你应该浑身都充满了力量。

2.夫妻双方对于家庭都有不可推卸的责任，然而，承担这份责任应该是主动地、积极地，而不应该是被动地、消极地。

3.努力尽自己所能为家里做更多的事情，减轻伴侣的负担，当然，也不要忘记分工合作。

4.夫妻同心，其利断金，只要夫妻同心协力，总能战胜困难。记住，能用钱解决的问题都不是问题，钱都是人挣来的。

矛盾箴言：爱是无私的付出，但爱不是恒久的忍耐。尤其是面对一个明明可以主动改变现状，却总是找出各种理由不愿意承担责任的爱人，我们更是会在劳累、辛苦、疲惫、无奈之后，无法自控地陷入歇斯底里的状态。我们不想这样委屈地维持家庭，对方也不会想这样，那么就要想方设法保持家庭的生态环境，维持平衡状态。

家庭暴力源于各种矛盾的堆积

婚姻是一座围城，城外的人想进去，城里的人想出来。

——钱锺书

作家奥斯瓦尔德·施瓦茨说过，美满的婚姻是人生中最大的幸福之一，而不幸的婚姻则是活着坠入地狱。有很多人在婚姻中获得幸福，也有一些人在婚姻中收获了遍体鳞伤。幸福的家庭都很相似，而不幸的家庭各有各的不幸。生活中有很多家庭里偶尔会有暴力发生，通常是丈夫打妻子，偶尔也会有妻子伤害丈夫的情况。那么，原本相亲相爱的人，为何转眼之间就变成了仇人，恨不得把对方置于死地呢？其中的原因是非常复杂的。有些人有暴力倾向，是因为性格因素导致的；有些人有暴力倾向，是因为长期生活在压抑的状态，导致内心的负面情绪井喷；有些人总是对伴侣动手动脚，是因为他们觉得家庭暴力没关系，因为他们从小就习惯看父母争吵和打架……不得不说，家家有本难念的经，对于家庭暴力必须深入分析和解剖，才能看到暴力背后隐藏的深层次精神和情感原因。

排除性格畸形、受到父母不良影响的因素，大多数家庭暴力之所以产生，是因为各种矛盾的堆积。每个家庭里，夫妻相处的模式都是不同的，有的夫妻一旦有矛盾和争执，就会把问题摆在桌面上进行讨论和解决；有的夫妻即使对对方心怀不满，也不愿意说出来，而总是把不痛快埋藏在心底里。后者表面上看起来非常和睦，实际上内心深处暗流涌动，更容易导致矛盾的大爆发。日本作家国分康孝说，从本质上而言，婚姻既可以成为避风港，同时，也可以成为自我磨炼的沙场。只有相互磨合，融洽相处，婚姻才能获得梦想中的幸福。

老宋是个唯唯诺诺的男人，平日里，他不声不语的，看起来老实巴交，实际上他有严重酗酒的坏习惯，而且一旦喝醉了酒，压抑的内心就会爆发出来，动辄打老婆。为此，他老婆——老李几次三番报警，也惊动了妇联。但是，老宋依然故我。随着孩子渐渐长大，老李决定和老宋离婚，因为她再也不想忍受这样的日子。这个时候，已经读大学的孩子学了心理学，委婉地提醒妈妈："爸爸总是爱喝酒，也许是因为有什么事情压抑在心里，最后不满堆积，集中爆发。"在孩子的建议下，老李决定陪着老宋一起去看心理医生，看看老宋酗酒、家暴的根本原因是什么。心理医生当即对老宋进行催眠，老宋在催眠状态下表现出很深的压抑。回答心理医生的问题时，他说的都是否定自己的话，还认为老婆瞧不起他，常常在孩子面前贬低他，导致孩子也瞧不起他。在对老宋进行一番了解之后，心理医生告诉老李："老宋压力很大，对自己的工作、人生都很不满意，尤其是被你贬低和压制，让他总是想借着喝醉酒的机会找到一个发泄的途径。如果你能试着欣赏他、认可他，也许他酗酒和家暴的情况会有所缓解。"

老李这么多年来习惯了处处否定和压制老宋，要想改变谈何容易呢？但是毕竟已经人到晚年，如果离婚都会很孤独，孩子也失去了一个完整的家庭，为此老李尝试着改变。经过很长时间的努力，老李有所改变，老宋酗酒的情况果然好转，家里也少了冲突。接下来，老李的目标是帮助老宋戒酒。

说起家暴，记得曾经看过梅婷和冯远征演的一部电视剧——《不要和陌生人说话》。在这部电视剧里，冯远征把主人公性格偏激、反复无常、喜欢家暴的特点表现得淋漓尽致。不得不说，家暴对于一个家庭而言是致命的，而家暴形成原因的复杂性、国人向来没有看心理医生的习惯这些因素综合作用，使得被家暴的人往往选择麻木和忍耐。还有一些夫妻甚至觉得家暴是正常的家庭相处模式，为此在家暴的时候受到伤害也总是逆来顺受，根本没有反抗的意识，也没有彻底解决问题的决心和勇气。

毋庸置疑，家暴对于施暴者和被施暴者都是心灵的摧残和伤害，对于生活在家里的孩子而言，家暴更是一个永远都无法摆脱的噩梦。为此一旦发现爱人有家暴的行为，作为夫妻双方都要引起重视，也要想方设法解决问题，而不要任由暴力发展得更严重。具体来说，避免家暴要做到以下三点：

1.建立良好的沟通渠道，有问题及时沟通，而不要总是把问题压抑在心底，导致问题越来越难以处理。

2.彼此之间宽容以待，不但要了解对方的脾气秉性，也要了解对方的原生家庭，这对于促进和谐相处是很有好处的。

3.及时向心理医生求助，必要时还可以辅助以药物治疗，要和关注身体疾病一样关注心理疾病，这样才能及时医治婚姻的伤。

矛盾箴言：要想消除家暴，就要在各种矛盾才刚刚露头的时候，就当机立断想方设法地解决矛盾，消除矛盾的根源，这样才能避免矛盾堆积，引起家庭暴力的大爆发。如果知道家暴者有性格方面的缺陷，还要寻求专业机构的帮助，而不要听之任之，导致家暴愈演愈烈。

不要让手机毁掉了爱情

> 我们认为看电视的时候，人类的大脑基本处于停工状态，而只有在打开电脑的时候，人类的大脑才开始运转。
>
> ——乔布斯

说起如今的婚姻矛盾，就不能不提起电子产品。不得不说，现代社会中有很多人都特别依赖电子产品，他们在此前电脑刚刚普及的时候，就非常热衷于使用电脑，而如今随着手机的普及和智能化程度越来越高，不但电视在家庭娱乐中的地位退居二线，就连电脑的便捷性都远远不如手机。为此，越来越多的人更加迷恋手机。

记得曾经看过几幅漫画，漫画中，原本应该亲密交谈的夫妻，回到家里都捧着一部手机聚精会神地看着。就连年幼的孩子都在盯着手机看各种动漫，导致所有家庭成员之间的关系越来越疏远，感情越来越淡漠。有人说，手机正在扼杀夫妻关系、亲子关系、朋友关系等一切有助于给人类提升温度的关系。古罗马普卜利利乌斯·绪儒斯说，婚姻的持久要依靠两颗心，而不是依靠双方的肉体。这句话告诉我们，在人类的婚姻里，伴侣之间的心灵契合、感情交流多么重要。而在现代社会，手机等各种电子产品，正在疏远人与人之间的关系，也让各种各样的家庭矛盾爆发出来。

在很多家庭里，都曾经因为网络游戏、手机等发生矛盾。例如，当丈夫沉迷于玩游戏，新婚的妻子未免觉得无所事事，对于丈夫对自己的冷落心怀不满。在有孩子的家庭里，当妈妈正在陪伴孩子，而爸爸却盯着手机看，妈妈更是忍不住想要把爸爸的手机扔进马桶里。近几年来，因为手机引发的惨痛事件也不断发生，有人一边走路一边看手机掉进下水井中；有人一边骑着电动车一边看手机，导致发生惨烈的车祸；有人一边吃饭一边看手机，手机掉入火锅里；有的妈妈看着孩子的时候看手机，导致孩子跑到马路上被车撞伤，或者一眨眼就不见了……当然，损失一部手机是最轻的恶果，那些因为看手机给自己和家人带来严重的、不可逆转的伤害的人，再回过头来想一想，看手机真的有那么重要吗？

两年前，在青岛的一片没有开发的海域，妈妈在低头发朋友圈的时候，一对八岁的双胞胎女儿溺水身亡。虽然孩子在玩沙的时候被暗流卷走，这是妈妈无法阻止的，但是如果妈妈能及时发现孩子遇到的危险，那么就可以在第一时间对孩子进行援救，使孩子活下来的可能性大大增加。作为孩子的爸爸，当天得到消息就火速赶往青岛，然而他再也看不到可爱的女儿们。可以想象，即使爸爸知道这一切责任并不都归咎于妻子，但是由于妻子的疏忽而痛失爱女，爸爸就算是嘴上能够忍住不说，心里也一定会有锥心之痛。

在长期的相处中，夫妻之间如果总是因为沉迷于手机而引发矛盾，发生争吵，则渐渐地就会伤害原本幸福和睦的感情，也会导致夫妻关系的疏远。

总之，手机作为电子产品原本是应该为人们的生活提供便捷的，但如果因为沉迷于手机而忽略了和身边的人相处，也使得家庭里人与人之间渐行渐远，如此手机就会成为家庭不和睦的罪魁祸首。对于夫妻双方而言，要学会适度使用手机，把更多的时间用于彼此陪伴；作为父母，更是要尽量抽出更多的时间和孩子相处，这对于孩子的身心发展也是很有好处的。具体而言，夫妻都要做到以下四点：

1.下班之前处理好工作上的事情，回到家里就放下手机，专心致志地陪伴家人和孩子。

2.如果真的有事情，能打电话就打电话，这样可以最大限度缩短使用手机的时间。

3.不要浏览无关网页，查找资料就要直奔主题。记住，当夫妻各自抱着手机聚精会神地看时，彼此的关系已经渐渐疏远了。

4.手机重要，还是家庭重要，人人都知道答案，那么也要落实到实际生活中，点点滴滴都要做好。

矛盾箴言：如今很多人都患有手机焦虑症，每隔几分钟就要拿起手机看一看，生怕遗漏了那些无关紧要的信息和花边新闻。世界上最遥远的距离不是生与死的距离，而是我就在你身边，你却只看着手机。甚至有些孩子希望自己变成手机，只为了成为父母关注的焦点，不得不说这是家庭生活莫大的悲哀。

也谈门当户对

婚姻好比桥梁，沟通了两个全然孤寂的世界。

——基尔·凯斯勒

　　古代，父母们在为儿女决定婚姻大事的时候，总是要求门当户对。所谓门当户对，就是指想要共同组建家庭的男女，双方的家庭要有相当的社会地位和经济能力。门当户对当然是落伍的封建思想，与现代自由恋爱的理念是相冲突和违背的。当然，也有很多相爱的男女为了忠于爱情，勇敢地选择在一起，冲破世俗的偏见，挣脱父母的阻力，坚定不移地走入婚姻。这是对于爱情和自由的追求和向往，这种精神是值得点赞的。然而，当推翻了极端的门当户对封建传统思想之后，在现实的婚姻中，很多人发现了一个现象，那就是男孩儿和女孩儿的家庭如果相去甚远，则彼此之间的相处也确实会有很多不和谐的地方，还会发生各种矛盾。这是为什么呢？

　　从本质上而言，这当然不是因为门不当户不对导致的，而是因为这对相爱的人在不同的家庭背景环境中成长，接受不同的教育，生活习惯不同、思想观念不同，处理很多事情的方式也不相同。在琐碎的日常相处中，总是有很多矛盾会让这些不同表现出来。当然，这不是说门不当户不对的人就不能在一起，而是说相爱的人要想冲破这些固有封建思想的限制和禁锢，就必须有志同道合作为基础。大文豪高尔基说过，婚姻是两个人精神的结合，目的就是要共同克服生活中的所有艰难、困苦。现代社会中，真正意义上的门当户对，就是有共同的理想和信念，有同样的人生目标，也都愿意共同努力创造想要的生活。

雅文作为富家女，对于追求她的那些富二代男孩儿丝毫无感，而是对一个来自农村的男孩儿颇有好感。眼看着就要大学毕业，雅文决定把这个男孩儿带给父母过目，没想到，雅文才刚刚说了这个男孩儿的情况，父母就表示反对。父母倒是没有嫌弃男孩儿家里穷，而是对雅文说："雅文，一个人的出生背景和生活环境，会在他的生命中留下深刻的烙印。爸爸妈妈不是觉得那个男孩儿不好，而是担心未来你们相处会出现问题。"雅文不以为然，说："他是我的大学同学，这说明他虽然出身贫寒却很有才华，而且非常努力上进。你们要知道，在城市里，一个班级里至少有一半的人能考上重点大学，而在农村偏僻的学校里，甚至一所学校才能有一两个孩子考上大学。可想而知，他是出类拔萃的。至于生活习惯，很多情侣和夫妻都需要磨合，我们只是需要更加努力用心而已……"

在雅文的极力劝说下，父母终于接受先见一见这个男孩儿。等到雅文把男孩儿带回家，父母简直乐开了花。的确正如雅文所说，男孩儿非常优秀，文质彬彬，颇有学识和涵养。午餐的时候，男孩儿第一次吃西餐，但是丝毫没有露怯，而是虚心向女孩儿请教，表现得不卑不亢、落落大方。

时代发展到今天，婚姻和恋爱自由，作为年轻人固然要参考父母的意见和态度决定自己的终身大事，却也要更加注重和忠诚于自己的感受。所谓的门当户对，在封建时代是决定两个家庭是否能够结为亲家的重要因素之一，但是在如今的时代里，爱人彼此之间的情投意合，文化层次的趋同相近，则演变成为门当户对的崭新含义。

为了避免在孩子的婚恋问题上过度参与，引起不愉快，作为父母，一定要端正态度，切勿随意干扰孩子们的婚姻大事。父母的反对往往会导致年轻人对于爱情怀有飞蛾扑火的态度，父母唯有理解和包容，年轻人才会更加理性地对待婚姻大事，也更加慎重地决定是否迈出人生中至关重要的一步。当然，作为年轻人，也要加深对于彼此的了解，真正达到心灵的契合。理性对待婚恋，需要注意以下三点：

1.爱情应该纯粹，固然沾染着烟火气，却要以爱为最根本的基础，在爱之上，才有幸福的婚姻可言。

2.两个人是完全独立的生命个体，完全相同是根本不可能的，最重要的是在大是大非和人生的观念上，能够协调一致。

3.现代社会的门当户对，不是指家庭背景等客观的条件，而是指精神层面的共鸣与相通。

矛盾箴言：每个人都追求自由的爱情，越是年轻人，越是对爱情充满渴望，也会进行各种浪漫的想象。作为父母，即使认为年轻人的爱情门不当户不对，没有足够的物质支撑，前景堪忧，也要采取合适的方式表明自己的态度，而不要总是强制年轻人必须遵从父母的意思去决定婚姻大事，否则只会激发起年轻人的逆反心理，导致家庭矛盾变得更加严重。

第五章

亲子矛盾：
家长都希望孩子快乐，却为何
经常"逼迫"孩子

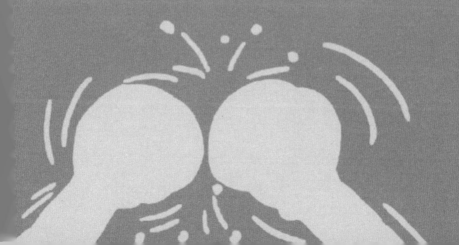

作为父母，教育孩子是要穷尽一生去探索和完成的伟大事业。

现代社会，只要是有孩子的家庭，父母们就会为孩子的教育问题操心劳神，也会投入大量的时间、精力和财力、物力。很多父母更是会把对孩子的教育作为家庭的重中之重，时刻叮嘱孩子要努力学习，而孩子的天性就是爱玩，喜欢自由，为此父母和孩子经常会因为学习问题引发矛盾，导致家庭生活不够和谐。只有解决亲子矛盾，洞察矛盾背后隐藏的深层次原因，父母与孩子之间才能更加融洽相处，让亲子教育事半功倍，也让家庭的相处氛围更加愉悦。

父母的压力让孩子行为失常

> 如果你不首先培养活泼的儿童，你就决不能教出聪明的人来。
>
> ——卢梭

当孩子还在母亲的子宫里惬意成长的时候，父母对于孩子的要求很低，就是希望孩子能够身体健康，不缺胳膊不少腿，智力达标，顺利出生。等到孩子出生之后，看到孩子健康可爱，父母也如释重负。对于学龄前的孩子，很多父母最大的愿望就是希望孩子能够不生病，每天都开开心心的。而一旦孩子进入学龄阶段，父母的心态很快就会改变，他们总是希望孩子能在学习方面出类拔萃，希望孩子在其他方面也能有更出色的表现，达到或者符合父母的预期。为此，很多父母都会给孩子压力，对孩子寄予各种深切的期望，这样一来，孩子当然会感受到来自父母的重重压力，也会觉得非常辛苦和疲惫。

不得不说，现实中很多孩子承受着来自父母的巨大压力，在每个家庭里，亲子教育的矛盾始终存在，很多父母并没有意识到压力会让孩子的精神始终处于紧绷的状态，严重的话还会导致孩子行为失常。著名教育家陶行知先生说，教人要从小教起。幼儿比如幼苗，培养得宜，方能发芽滋长，否则幼年受了损伤，即使不夭折，也难成材。这告诉我们家庭教育对于孩子的重要性，因而父母在对孩子开展教育的时候，要更加认真用心，也要以爱浇灌孩子的生命。

很多成人都会意识到在开展各种工作之中，对人开展的工作是最为复杂和艰难的。作为职场精英的他们很重视与上司、下属的相处。遗憾的是，同时作为父母的他们，却没有意识到必须与孩子用心相处，才能处理好亲子关系，才能避免给予孩子过大的压力。亲子关系既从属于普通的人际关系，又因为父母与孩子之间的亲密无间，所以带有一定的特殊性。亲子关系始终依附于家庭关系存在，为此属于家庭内部的一个复杂系统，往往关系到整个家庭结构的稳定和家庭关系的和谐、愉悦。但现实中，很多父母都存在一定的误解，认为父母生养了孩子，教育甚至是改造孩子都是理所当然的，所以总是对孩子居高临下、颐指气使，也常常会不由分说地要求孩子按照自己的意愿做很多事情。不得不说，这样对待孩子是不公平的，尤其是当父母一味地要求孩子服从父母的时候，孩子会感到自己没有受到应有的尊重，也不曾被平等对待。也许在一段时间内，这样的亲子关系能够勉强维持，但是随着时间的推移，这样的亲子关系就会暴露出各种问题，也会导致家庭问题频现。

显然，父母和孩子虽然生活在同一个家庭里，但是他们生存的微环境却是截然不同的。作为父母，常常觉得自己就是整个家庭的主宰，也总是从成人的角度来揣测孩子，定义孩子，从而忽略了孩子有其自身的成长节奏。真正和谐友好的亲子关系，一定要建立在父母对孩子尊重和信任的基础之上，也一定会对孩子的成长形成正向的助力。而要想做好父母，需要每一个父母都更加认真用心地观察孩子，也要更加全力以赴与孩子相处。

黄桃正在读幼儿园大班，最近，妈妈为了给黄桃上一年级做好准备，为黄桃报名参加了学前培训班，学习拼音、数字等。对于这些知识和内容，黄桃掌握得不是很好，每次上完课回到家里，妈妈还会要求黄桃写作业进行复习。黄桃本来对于上课就很排斥和抵触，现在看到好不容易上完课，妈妈还要给她布置作业，就更是不高兴了，她坚决不愿意再继续做作业了。妈妈当然不能任由黄桃随着性子，她强迫黄桃必须抄写拼音和数字之后才能玩。终于有一天，因为作业的问题，妈妈和黄桃之间爆发了激烈的争吵。妈妈生气了，情急之下给了黄桃一巴掌。当天晚上，黄桃几次从睡梦中哭醒，还尿床了。妈妈这才意识到自己的强横态度也许给黄桃带来了伤害，后来几天，黄桃还是出现尿床的情况，妈妈彻底慌了神，先是带着黄桃去医院排除泌尿系统的问题，后来又带着黄桃去看心理医生。

黄桃为何会出现尿床的情况呢？就是因为妈妈的强迫给了她很大的压力，导致她精神紧张。后来，妈妈还训斥黄桃，甚至打了黄桃，这更是导致黄桃情绪波动剧烈。在黄桃稚嫩的心灵中，说不定还会为此感到紧张和无助，产生深深的恐惧。

作为父母，要认识到孩子的性格有一部分来自遗传，也有一部分是后天习得的。然而，不管孩子的性格成因是什么，父母都要把孩子作为独立的生命个体去尊重，也要真正平等对待孩子。父母首先要做的是更好地适应孩子，而并非总是企图改变和塑造孩子。正如意大利伟大的教育家蒙台梭利所说，爱和自由是父母给孩子的最好礼物。尊重孩子发展的天性，给予孩子更多的爱和自由，孩子才能在父母的引导和帮助下，健康快乐地成长，成为他们本来的样子。父母要为孩子减轻压力，就要从各个方面做得更好。

1.父母接纳孩子本来的样子，不要试图把孩子打造成父母理想中的样子。对于每个人而言，活成自己才是最大的成功，父母对孩子的期望也应该如此。

2.尊重孩子的个性，对孩子做到因材施教，而不要盲目地期待。揠苗助长，只会导致事与愿违，只有了解孩子，根据孩子的优势和特长顺势而为，引导孩子，教育才能事半功倍。

3.允许孩子按照自己的节奏去成长，慢是孩子特有的生命时光，不要把成人的焦虑带入孩子单纯的人生阶段中。

4.给孩子自由，让孩子可以遵循本性自在成长。

矛盾箴言：亲子教育的矛盾，往往来自父母对孩子的掌控欲，当父母把自己变成孩子，和孩子处于同样的高度，陪伴孩子一起成长，那么很多矛盾就会迎刃而解，消弭于无形。

说与听，要把选择权交给孩子

我们必须变成小孩子，才配做小孩子的先生。

——陶行知

现代家庭，以独生子女居多。很多家庭都只有一个孩子，为此，孩子成为父母和长辈们关注的焦点。从孩子小时候，父母就习惯了把所有的注意力都集中在孩子身上，也把所有的精力都用于照顾孩子。实际上，这样的做法并不利于更好地教养孩子，反而会因为对孩子管教过于严格，总是会采取各种方式指挥孩子，而最终使得孩子失去独立的主见，变得人云亦云，随波逐流。

在亲子关系的矛盾中，存在着说与听的矛盾。法国启蒙思想家伏尔泰说过，耳朵是通往心灵的路；俄罗斯文学家普希金也说过，倾听着年轻姑娘的歌声，老人也会变得年轻。由此可见，倾听非常重要，既可以打开他人的心扉，也可以让我们更加理解他人的情绪、感受等，使彼此的沟通更顺畅。但很多父母总是喜欢对孩子说，而不给孩子表达的机会；父母要求孩子必须听从父母的意见，而很少认真听取孩子的意见。在这样的双重矛盾中，父母所期待出现的那个听话的孩子总是在和父母玩捉迷藏。现实让父母感到非常遗憾和无奈，因为孩子总是不愿意和父母交流与沟通，而且常常会有意或者无意地与父母对着干。这让父母感到非常抓狂，甚至内心崩溃，在教育孩子的过程中时常表现出极大的情绪波动，这导致他们常常会把自己原本认可和想要坚持的教育理念抛诸脑后。

因此，身为父母一定要认清楚一个现实，那就是对于孩子的一切教育都要建立在良好沟通的基础上，否则父母与孩子之间失去了沟通的渠道，心与心无法实现共鸣和沟通，那么亲子矛盾就会更加深入和复杂，而没有机会得到缓解和解决。近些年来，市面上出现了很多关于亲子沟通的家教书，大概的意思就是：如何说，孩子才会听，或者如何听，孩子才会说。当然，不管以怎样的书名来吸引读者的注意，我们都可以看到作者最主要的目的就是要告诉读者沟通在亲子教育中的重要性和不可取代的作用。

但在现实中，有太多的父母习惯了喋喋不休地说教，强求孩子必须要认真地听，坚决去执行父母的旨意。对于孩子而言，这当然是很难做到的，而想要这么做的父母也都忽略了一个事实：孩子是活生生的人，是有思想和灵魂的独立生命个体，他们当然也愿意按照自己的心愿去做很多事情，而不愿意成为父母的傀儡，被父母指挥和操控。从父母的角度而言，固然希望孩子能够听话，但是一定不希望孩子变得唯唯诺诺，对于父母所做的一切安排都无条件服从，而是要拥有自己的思想，必要的时候更要有自己的主见，才能真正掌控和驾驭自己的人生。

自从乐乐开始读小学六年级起，妈妈发现乐乐性情方面有了极大的改变。原本，乐乐对于妈妈所说的话都很愿意倾听，也很喜欢和妈妈沟通与交流。但是升入六年级后，乐乐不但长得比妈妈更高，而且渐渐地也变得沉默寡言，似乎不愿意和爸爸妈妈沟通。对此，妈妈感到很着急，不知道乐乐为何会出现这样的情况。

其实，问题的根源出在妈妈身上。有一天，乐乐和往常一样回到家里，无意间和妈妈提起在学校里和一个同学吵架了。妈妈没有询问缘由，而是当即开始唠叨："乐乐，你在班级里一定要和同学团结，友好相处，这样才能拥有好人缘。否则，今天得罪一个同学，明天再得罪一个同学，日久天长，就会导致自己人缘很差，做什么事情都会困难重重。"乐乐对于妈妈所说的话不以为然，但妈妈还是喋喋不休，乐乐感到非常厌烦，趁着妈妈离开的时间，赶紧去房间里关上门，才最终逃脱了妈妈的唠叨，得以完成作业。

心理学上有一个超限效应，意思就是说每个人的心理承受能力都是有限的，不管做什么，一旦超出限度，就会产生事与愿违的效果。父母在教育孩子的时候，虽然本心是为了孩子好，也希望孩子能够更好地成长，但是如果不能把握正确的方式和方法，也无法掌控限度，则常常会使孩子产生逆反心理，从而故意与父母对着干，最终导致亲子矛盾爆发，亲子冲突升级，使亲子沟通无法继续下去。

因此，对于父母而言，要想避免因为说与听而引发与孩子之间的矛盾，对于孩子就要有足够的尊重和信任，也要给予孩子更好的引导和帮助。父母要与孩子建立良好的沟通关系，首先要学会倾听，不管孩子说什么，父母先不要急于否定和批评，而是要认真用心地倾听，给予孩子更多的时间表达心声，鼓励孩子积极地倾诉心声。其次，父母要学会设身处地为孩子着想，这样才能把话说到孩子的心里去，让孩子听到父母的话感觉有道理。最后，父母还要把听与说的选择权交给孩子，在孩子想说的时候，父母就扮演好倾听者的角色，当孩子想听的时候，父母则要扮演好倾诉者的角色，对孩子敞开心扉，与孩子更好地相处与交流。总之，只有在保证沟通顺畅的基础上，亲子关系才能得到自然健康的发展，也才会为孩子与父母之间的相处搭建更好的平台。具体而言，在说与听之间，父母要做到以下四点：

1.不管孩子说什么，先不要急于否定孩子，而是要做到认真倾听，这样才能了解孩子真正的想法。

2.孩子还小，不可能保证所说的都是对的，但是他们说的每一句话都代表他们真实的心声。只有认真倾听孩子的父母，才能走入孩子的内心。

3.在给孩子提建议的时候，父母要讲究方式和方法，切勿对孩子下达命令，或者强求孩子必须遵从父母的意愿。孩子是独立的，有权利做出一些选择。父母要建议孩子，而不要命令孩子。

4.如果孩子不想说，不要逼着孩子说；如果孩子很想说，不要让孩子"闭嘴"，否则就是对孩子的伤害。

矛盾箴言：人与人之间的相处需要以真诚作为前提，以顺畅沟通作为基础，亲子之间也是如此。任何时候，作为父母要想与孩子友好相处，都必须实现恰到好处地听与说。记住，父母要把主动权交给孩子，这才是尊重和平等对待孩子的最佳表现。

孩子，歇斯底里为哪般

爱子不教，犹饥而食之以毒，适所以害之也。

——申涵煜

在执行独生子女政策的二三十年里，中国有很多的独生子女家庭诞生，时至今日第一代独生子女已经步入中年，成家立业，也有了自己的独生孩子。面对这样独特的"4-2-1"家庭结构，作为独苗的孩子自然会得到全家人的关注，成为聚焦的所在。长辈对于孩子总是有求必应，父母对于孩子也不想提出过高的要求。殊不知，孩子从小在这样的环境中长大，习惯了衣来伸手、饭来张口，习惯了自己的一切欲望都能在最短的时间内被满足，渐渐地，他们会形成以自我为中心的错误认知，而且还会变得越来越偏执和任性。

现实中，很多父母在教养孩子的过程中，发现孩子常常表现出歇斯底里的状态，面对孩子的异常，父母总是不知所措，不知道孩子为何会做出这样的举动。其实，追根溯源，这种现象的根源就在于父母对孩子的教育没有采取正确的方法，这多是由于平时太过溺爱和无原则地满足孩子的一切要求导致的。人的欲望就像是无底洞，尤其是孩子很容易受到情绪的影响，随机地产生很多欲望。如果父母从小不曾引导孩子要控制欲望，主宰和驾驭欲望，则孩子渐渐地就会成为欲望的奴隶，而父母则成为为孩子欲望买单的人。

身为父母，不要只是羡慕别人家的孩子通情达理，而要看到别人家的父母是如何培养孩子的。亲子关系不是一种恒久的占有，而是生命中一场深厚的缘分。作为父母，既不要使孩子感到童年贫瘠，也不要让孩子觉得成年窒息，只有心胸开阔、充满智慧地引导孩子成长，才能与孩子一起做到进退有度。很多父母在对孩子感到不满意的时候，总是习惯性地从孩子身上找原因，殊不知，孩子是父母的镜子。当孩子身上暴露出很多问题时，明智的父母会在第一时间想办法了解孩子行为背后隐藏的原因，也会反思自己在教育孩子的过程中出现了哪些纰漏。唯有双方齐心协力去努力，父母才能循序渐进地改善孩子的偏执和任性。当然，读过这篇文章的为人父母者如果能够未雨绸缪，对孩子的偏执和任性防患于未然，那么教育孩子的效果会更好，亲子矛盾产生的概率也会大大降低。

娇娇作为家里的独生女，人如其名，在父母无微不至的照顾下娇滴滴地成长，从未因为任何事情而烦忧。父母对于娇娇非常疼爱，不管娇娇有什么样的要求，总是想方设法第一时间予以满足，从来不会让娇娇在物质方面受到任何委屈。转眼间，娇娇已经读初中了，学习成绩处于班级中上等水平，还算让爸爸妈妈省心。周末，爸爸妈妈和娇娇一起去商场准备为娇娇购买一些换季的衣服。路过一家金店，娇娇看中了一款造型奇特的金项链，当即要求爸爸妈妈为她购买。妈妈看到金项链价格不菲，又考虑到娇娇还是个学生，不适合佩戴这么贵重的首饰，因此拒绝说："娇娇，你现在佩戴金项链还太早了，至少要等到读大学吧！等你考上名牌大学，妈妈一定送你一根！"娇娇听了马上脸色陡变，当即和爸爸妈妈争吵起来："我只是要一条项链，你们都不愿意买，还骗人！什么等到考上名牌大学再买，全都是骗人的！小气鬼！"被娇娇当着别人的面这样说，爸爸妈妈都感到很难堪。妈妈忍不住想要严厉批评娇娇几句，但娇娇却干脆扭头离去，爸爸跟在娇娇后面追了好一会儿，最终眼看着娇娇打着出租车绝尘而去，感到非常无奈。

娇娇为何会这样任性，对于父母的劝说丝毫不放在心上，最终做出如此糟糕的举动呢？归根结底，就是因为娇娇从小就习惯了被父母溺爱，所以她认为父母对她的一切疼爱都是理所应当的，而当父母拒绝娇娇的不合理请求时，娇娇非但没有认识到自己的请求不合理，反而觉得父母非常小气，是在故意以拖延的方式搪塞她。不得不说，冰冻三尺，非一日之寒，当孩子已经养成了对父母索求无度的习惯时，父母再想拒绝孩子的不合理要求，孩子往往就无法接受了。

生活中，很多父母都知道溺爱孩子是不好的，但是他们只是从思想上认识到这一点，而没有在行为上做到。太多的父母总以各种各样的理由满足孩子的欲望和需求，觉得孩子的很多不合理表现都是因为他们还小，还没有长大。俗话说，三岁看老，其实是有道理的。明智的父母知道，只有从小就对孩子多多引导，孩子才会有更好的心态。否则，如果任由孩子随心所欲，那么孩子就会越来越不知收敛，且变本加厉。

聪明的父母不会放纵孩子，更不会以溺爱的方式放任孩子的行为。聪明的父母知道，即使再爱孩子，也不可能陪伴在孩子身边一辈子，既然如此，何不尽早引导孩子走上正途独立生活呢？否则孩子一旦成为温室里的花朵，长大后根本无法走出父母苦心营造的温室，更不能面对外部世界的风风雨雨。即使从家庭内部相处的角度而言，一个肆意放纵的孩子也常常会和父母发生各种各样的矛盾，从而导致家庭生活也频繁发生矛盾，这就太糟糕了。当然，对于孩子的引导不是几句大道理就能实现的，而是要用心用爱去理解和包容孩子，去引导和帮助孩子。具体来说，父母要坚持做到以下四个方面：

1.即使孩子还小，也不要溺爱孩子，否则会使孩子误以为他的一切需要都理应得到满足。教孩子学会控制欲望，管理情绪，这很重要。

2.有一位名人说，父亲对孩子最好的爱，就是爱孩子的母亲。因为只有父母彼此相爱，家庭氛围才会幸福和睦，孩子在成长之中才会感受到更多的快乐和满足。

3.及早培养孩子的独立能力，让孩子能够照顾好自己，也有能力处理好很多问题，这样孩子会更自信，面对人生也更从容。

4.父母要控制好情绪，做好孩子的榜样，以平和的情绪影响孩子，帮助孩子也保持良好情绪。

矛盾箴言：父母的溺爱，是对孩子最大的伤害。真正爱孩子的父母，从来不会对孩子言听计从，更不会对孩子有求必应。事实上，让孩子更早地意识到没有人可以随心所欲、肆意妄为，这是很重要的。

孩子的冷漠来自父母的无视

> 亲子关系不是一种恒久的占有，而是生命中一场深厚的缘分，我们既不要使孩子感到童年贫瘠，又不能让孩子觉得成年窒息。
>
> ——未名

前段时间热播的《都挺好》中，姚晨饰演的苏明玉角色深入人心，很多人都非常欣赏苏明玉的精明强干，也都同情苏明玉在原生家庭中从未得到过爱和重视的童年。在电视剧第一集，面对母亲的去世，苏明玉就表现出非常冷漠的样子，导致哥哥苏明哲感到非常不满，觉得妹妹说起母亲去世就像是说起毫不相干的人。苏明玉为何会表现得如此冷漠呢？随着剧情不断往后推进，我们会发现苏明玉其实外冷内热，看起来是个霸道总裁，对家里人也没有什么感情，不愿意与家里产生瓜葛，实际上她并不会对家里的事情无动于衷，毕竟就连妈妈的墓地也是她独自出钱购买的。

从原生家庭的角度进行分析，苏明玉的冷漠，就是因为父母对她的无视。美国的一位心理学家曾经说过，每个孩子出生的顺序不同，决定了他们在这个家庭里生存的微环境是不同的。例如，苏明哲作为老大从小两耳不闻窗外事，一心只读圣贤书，为此对于苏明玉在家里的生存状态居然无知无觉。苏名成作为老二得到妈妈的很多关心和宠溺，他的生存状态和苏明玉截然不同。在妈妈去世的时候，苏名成发自内心地伤心，对于妈妈去世的悲痛和惋惜，他是最真切的。看到苏明玉对于妈妈的死无动于衷，苏名成感到非常不满。但他没有意识到自己明明是在啃老，反而觉得自己是在照顾老人，甚至反而说从读师范开始就没有花过家里任何钱的苏明玉是"白眼狼"。在同一个家庭里生活的三个孩子，对于原生家庭的理解和感受是截然不同的。

因为成长过程中家庭亲情的缺失，使得苏明玉内心深处对于亲情非常渴望。最终，面对惹人生厌、身患重病的父亲，苏明玉选择辞掉工作，陪伴父亲，这既是对父亲尽孝，也是对自己内心的圆满。就连好哥们儿柳青都说明玉变得柔软了，这正是亲情的获得对明玉的内心和感情世界都有了很大的改变。

对于一个孩子而言，童年时期不能得到父母无微不至的爱与关注，这是人生的大不幸。对于父母而言，无论家庭的经济条件是贫穷还是富有，一定要给予孩子足够的爱，也要学会以不同的身份陪伴孩子成长。没有哪个孩子愿意被父母颐指气使地教训，也没有哪个孩子愿意按照父母的意志过一生。父母在陪伴孩子的过程中，唯有给予孩子更多的关爱和温暖，孩子才能够成长为一个温暖的人，而不会总是冷冰冰的。关注孩子，并不像大多数父母想的那么难。作家张石平说，一束赞许的目光，一个会心的微笑，一次赞许的点头，都可以传递真情的鼓舞，都能表达对孩子的夸奖。可见，只要父母形成关注孩子的意识，也愿意切实去关注孩子，那么他们很容易就能做到。

　　娜娜小时候特别活泼可爱，是典型的外向型性格，不但爱说爱笑，而且很善于与人相处，招人喜爱，人缘很好。娜娜从小就和爷爷奶奶生活在农村，父母则在遥远的城市里打工。随着年龄不断长大，娜娜的内心发生了微妙的变化，她从知足快乐，慢慢变得郁闷和忧伤。她总是问妈妈："为何其他孩子都能和父母一起生活，而你却总是不在我的身边呢？"每当娜娜这么问，妈妈就以要挣钱为由劝说回应娜娜。直到有一天，正在读初中的娜娜和同学爆发了激烈的争吵，老师给娜娜妈妈打电话，妈妈才知道娜娜的问题这么严重。老师对妈妈说："娜娜这个孩子其他方面还好，就是特别冷漠，在班级里很少和同学交往，总是一个人闷闷不乐，而且说话尖酸刻薄。这次就是因为她对同学出言不逊，才导致争吵的。"听完老师的讲述，妈妈非常担心，生怕娜娜会有心理问题，妈妈当即和工厂请假回家。面对妈妈关切的询问，娜娜只有一个诉求，那就是要求妈妈回到家里陪伴在她的身边。妈妈苦口婆心告诉娜娜挣钱很重要，娜娜最终冷漠地对妈妈说："你和爸爸从未给过我温暖，就不要怪我冷漠。"

　　如今，留守儿童问题变得越来越严重，就是因为在很多偏僻的地方，年轻人外出打工，只能把孩子留在家里和老人一起生活。在幼年阶段，孩子的自我意识还没有那么强，因此对于父母对待他们的方式并没有异议。而随着年龄增长，孩子的内心也会越来越渴望父母的关爱和陪伴，在求之而不得的情况下，孩子们难免会感到内心紧张焦虑，却根本不知道如何做才能满足自己内心对于亲情的需要。这样一来，父母就面临陪伴孩子还是外出挣钱的矛盾，孩子也面临自己温暖自己，还是因为得不到父母关爱就内心忧愁郁闷、冷漠疏离的矛盾。

作为父母，要明白一个道理：孩子的成长是不可逆的过程，父母一旦错过孩子的成长过程，就会导致孩子与父母关系疏远，感情淡漠，等到有朝一日父母觉得终于挣够了钱要陪伴孩子的时候，孩子甚至已经与整个家庭渐行渐远。更糟糕的是，一个内心里缺乏爱的孩子，即使长大后拥有自己的家庭，也不能很好地与配偶和孩子相处，这样的恶性循环影响是非常糟糕的。明智的父母知道如何平衡教养孩子与挣钱养家之间的关系，也能够更加有针对性地梳理自己与孩子之间的关系，从而让整个家庭的氛围更加和谐愉悦。亲子关系以血缘关系为基础，不同于普通的人际关系，要根据家庭的情况进行相应的调整，才能找到最佳的相处模式，才能让亲子感情更加深厚。

孩子的成长过程是不可逆的，对于父母而言，挣钱养家固然重要，却不要过分看重金钱而忽略了孩子，错过了孩子的成长，这是本末倒置。

1.不要过早地把家庭的压力转嫁给孩子，父母该承担的就让父母承担，不要让孩子的童年蒙上成人世界的沉重，要给孩子爱与自由，也要给孩子轻松与愉悦。

2.父母要把工作与生活分开，在回家之前放下工作上的烦心事，消除负面情绪，以积极的一面面对孩子。

3.接纳孩子的情绪，适度满足孩子的物质需求，尽量满足孩子的情感需求。尤其是对于年幼的孩子，一定要多多关注，否则就会影响孩子的情绪健康发展。

矛盾箴言：作为父母，如果不曾全身心投入到孩子的成长过程，参与孩子的成长，就不要抱怨孩子和父母渐行渐远，感情冷漠。俗话说，一分耕耘，一分收获，感情更是如此，哪怕在亲子之间，也需要父母全身心投入地与孩子相处，才能赢得孩子的尊重、信任和爱。

父母以身作则，才能缓解孩子的行为矛盾

> 孩子身上存在缺点并不可怕，可怕的是父母作为孩子的领路人，缺乏正确的家教观念和教子方法。
>
> ——珍妮·艾里姆

孩子在成长过程中，也常常面临各种矛盾，一方面他们认为自己总是要听从父母的建议，对父母言听计从；二是每当他们看到父母的言行有不当之处，就不免感到怀疑和困惑：爸爸妈妈不是要求我那么做的吗？他们自己为何要这么做呢？孩子困惑的根源在于，父母只许州官放火，不许百姓点灯。作为父母，要想给孩子树立一个好榜样，就一定要言行一致，在对孩子提出要求之后，首先自己要以身示范，率先做到，这样对于孩子的教育才是统一的，也才能够起到更好的教育效果，从而有效消除孩子的行为矛盾。

偏偏很多父母无法意识到这么做的重要性，他们总是一边要求孩子，一边违反自己为孩子制定的规则，甚至直截了当告诉孩子家里是"一国两制"，这意味着父母享有的特权孩子不能享有，孩子必须接受父母的管教，而不能问为什么。不得不说，对于孩子而言，这样的亲子教育是非常糟糕的，他们很容易陷入被动之中，感到进退两难，也无法集中精力做好自己该做的事情。在家里，为何更容易发生各种矛盾呢？这是因为在家以外的地方，人人都在伪装自己，尽量把好的一面呈现出来，而在家里，每个人都会卸下假面，展现出自己最真实的一面。英国现代杰出的现实主义作家萧伯纳说，家是世界上唯一隐藏人类缺点与失败的地方，它同时隐藏着甜蜜的爱。如何以爱来理解和包容，来平衡彼此之间的关系，这是作为亲子关系主导者的父母，应该优先考虑和努力做到的事情。

明智的父母不会在家庭里推行"一国两制"，他们深知孩子的自制力相对较差，也知道孩子的成长离不开父母的引导和帮助，为此他们肩负着自身的重要责任和义务，始终充当起孩子领路人的角色。有些父母在没有孩子之前，经常去夜店，常常吃外卖，也总是吃很多的垃圾食品和不健康的食物，但是只要有了孩子，他们似乎在一夜之间长大，对于很多事情都更加认真慎重，也会全力以赴当好孩子的表率。这样的父母才能肩负起父母的责任和义务，也才能成为孩子最好的榜样。

一直以来，爸爸妈妈都严令禁止小刚撒谎，要求他必须诚实待人。一个周末，爸爸正在家里休息，突然电话铃响起来。小刚欢呼雀跃要去接电话，这时候，爸爸赶紧制止小刚说："今天下午的电话，都不要接。"小刚不明白爸爸的意思，问："为什么呢？"爸爸说："因为有领导要找爸爸加班，爸爸说没在家，去外地旅游了，这样领导就不会再找爸爸加班了。"小刚当即指责爸爸："爸爸，你这是在撒谎。"爸爸顾左右而言他："那么，你想让爸爸去加班，还是想让爸爸在家里陪你？"小刚想了想，说："我想让爸爸在家里陪我，但是爸爸你不应该撒谎。你不是告诉我，不管什么时候都要说真话的吗？"爸爸被小刚的坚持弄得有些厌烦，就对小刚说："你的确不能撒谎。不过爸爸这是善意的谎言，目的是留在家里陪你……"小刚却坚持说："你就是在撒谎，你不是一个诚实的爸爸……"小刚揪着爸爸的这个错误不放手，和爸爸产生了矛盾和争执，小刚看到爸爸总是狡辩，气得哭起来。这个时候，妈妈正好从姥姥家回来，对小刚说："小刚，爸爸的确在撒谎，这种行为是不对的。其实，爸爸可以告诉领导要在家陪伴儿子，对不对？"小刚点点头。在妈妈的示意下，爸爸向小刚承认错误，并且保证以后再也不会这么做了。

上述的情形在很多家庭里都曾经发生过，那就是父母亲自给孩子制定规则，而在自己遇到特别情况的时候，就打破规则。作为父母，为了给孩子留下言行一致的印象，千万不要总是当着孩子的面当面一套背后一套，因为孩子常常会以父母为榜样，来界定自己言行举止的边界，也常常会以父母为楷模，让自己有更好的成长和表现。那么，当孩子发现父母说的是一个样子，做的却是另外一个样子，他们怎么可能对父母更加信服呢？如果父母不想损害自己在孩子心目中的形象，当着孩子的面，就一定要谨言慎行，而不要总是给孩子造成困惑，让孩子感到矛盾和无奈。

当然，成人的世界比孩子的世界复杂得多，作为父母，不要让孩子太早地接触到成人世界的复杂。当父母告诉孩子不要撒谎之后，父母也许未必能够完全杜绝谎言，但是至少不要当着孩子的面撒谎。正如人们常说的，父母是孩子的第一任老师，孩子是父母的镜子。父母很多不经意间的言行，都会被孩子模仿，而当发现孩子的言行举止出现问题的时候，父母首先要反省自己是否给孩子树立了好榜样。现实生活中，有些人就像是刺儿头一样，总是会和他人产生各种争执，也会因为小小的问题就与他人闹得不愉快。实际上，这些人就像是仙人掌，看起来很强大，却正在用满身的刺伪装自己，保护自己脆弱的内心。父母要让孩子变得强大，就要让孩子言行一致，这样孩子才能更加专心地做好该做的事情，也才能在成长的道路上始终坚定不移地朝着内心向往的方向努力奋斗前行。在与孩子斗智斗勇的过程中，明智的父母基于爱的原则，会坚持对孩子做得更好。

1.父母言行一致，为孩子做好榜样，在家庭里推行统一的规则，并且率先遵守规则。

2.父母有正确的人生观、价值观和世界观，能够对孩子坚持正确的教育，而不会以不良的品行误导孩子，或者是让孩子产生困惑。

3.在制定规则时，邀请孩子参与，也参考孩子的意见，这样孩子才会更主动地遵守规则。

矛盾箴言： 人人都生活在矛盾中，孩子也是如此。为了缓解矛盾，消除那些不必要的矛盾，孩子们必须有淡定平和的心态，而这种心态的基础就是言行一致。作为父母，在孩子面前的表现要言行一致，切勿因为言行不一而给孩子带来更多的困惑和矛盾。

恋父情结 or 恋母情结

世界上有一种最美丽的声音，那便是母亲的呼唤。

——但丁

　　不管是恋母情结还是恋父情结，都是西方文学中的舶来品。这些情结最早出现在戏剧作品中，后来被心理学家所重视，对此进行深入研究，由此形成了心理学现象，也衍生出心理学概念。所谓恋母情结，就是孩子对于母亲非常依赖和敬仰的心理倾向，恋母情结并不因为孩子的性别而有所区别，通常情况下，男孩儿和女孩儿在儿童时期都会出现恋母情结。和恋母情结的普遍性不同，有些女孩儿在心理发展的第二阶段会出现恋父仇母的行为。对于有些恋父情结严重的女孩，她们会觉得母亲在家里完全是多余的，恨不得把母亲从家里赶走，而只想和父亲一起生活。

　　在家庭生活中，孩子在正常限度内依恋母亲自然无可厚非，但是如果孩子对母亲特别依赖，或者已经到了可以独立的时候，还是黏着母亲，就会让父母感到担忧。同样地，女孩儿恋父情结严重也会导致家庭生活不和谐，也需要父母给予这种现象更多的关注。

对于正常的三口之家而言，父母与孩子之间的关系应该是正三角形的关系，即家庭成员之间关系非常和谐稳定。一旦出现恋母或者恋父情结，这个正三角形就不复存在，则亲子关系的发展就会失去平衡，变得非常敏感且微妙。作为父母，为了避免这种矛盾关系的产生，一定要正确地引导孩子保持与父母之间的关系，而且作为父母在孩子面前也要适度亲近和亲昵，否则就会导致青春期孩子受到不当的性启发，使得他们的恋父或者恋母情结更加严重。

薇薇已经读初二了，十四岁。按理来说，十四岁的女孩儿应该很懂事，也能够和父母处理好关系，但是薇薇却总是和妈妈亲近，而疏远爸爸。如果这样的情况发生在孩子童年时期，尚且情有可原，但是看着比妈妈还高的薇薇吵着要和妈妈一起睡觉，爸爸非常担忧。

后来，爸爸针对薇薇的情况咨询心理医生，知道薇薇这是典型的恋母情结，而且有些严重。爸爸向心理医生求教如何引导薇薇，让薇薇能够独立睡在一个房间里。心理医生对爸爸说："孩子有严重的恋母情结既有天生愿意亲近母亲的因素在发生作用，也与孩子在成长过程中，始终都与爸爸比较疏远有关系。要想改善孩子的恋母情结，一定要先从让孩子和妈妈分床睡觉开始。十四岁的女孩儿已经懂得很多道理，只要认真和孩子说，孩子的恋母情结是会有好转的。此外，您作为父亲，要更多地和孩子相处，这样才能渐渐地把孩子的注意力从妈妈身上，转移到您的身上。当孩子看到妈妈之外的广袤世界，也体验到与父亲及其他人相处的乐趣，就不会再紧抓着妈妈不愿意放手了。"心理医生的一番话让爸爸茅塞顿开，爸爸告诉心理医生："其实，现在我们还面临一个问题，就是十几年来孩子一直和妈妈睡，所以导致我们夫妻的关系日渐疏远和淡漠。"心理医生点点头，说："那是必然的。现在孩子长大了，让孩子摆脱对妈妈的依赖，更加独立，对于整个家庭生活都是很有必要的。"

在一个三口之家里，作为父母，要想更好地和孩子相处，减少家庭矛盾的发生，就一定要平衡好各个家庭成员之间的关系，这样才能让整个家庭维持平衡状态。为了避免家庭成员之间的矛盾关系，父母要注意做到以下三点：

1. 积极引导孩子与父母形成正确的感情，也要督促孩子拓宽人际交往的范围，结识更多的人，见识到更精彩的外部世界。

2. 在很多家庭里，之所以矛盾丛生，就是因为亲子关系的平衡被打破。正是从关系学的角度而言，人们才会说单亲家庭里的孩子往往面临很多的心理问题，也总是会在成长的过程产生很多的困惑。

3. 作为父母，要想减少亲子矛盾，就一定要牢记"等边三角形"的关系原则，这样才能在和孩子相处时保持适度、友善，也始终都能给予孩子最好的爱与自由。

矛盾箴言：孩子与父母的关系应该是等边三角形，这样才能保证整个家庭最稳定，也才能让孩子健康快乐、幸福茁壮地成长！

明智的父母，会对青春期放手

当孩子情绪波动时，愚蠢的父母责怪孩子，明智的父母关爱孩子。

——赵东华

孩子在成长过程中一共要经历三个叛逆期：

第一个叛逆期是宝宝叛逆期，在孩子两三岁的时候出现。在这个阶段，孩子的自我意识越来越强，正在探索与外部世界的相处模式，会产生强烈的自主意识和占有欲。为此，处于宝宝叛逆期的孩子总是会把很多东西据为己有，也总是会对父母所说的话置若罔闻，他们最喜欢迈开探索的脚步，自顾自地走向外部世界的深处。第二个叛逆期在孩子七八岁期间，这个叛逆期被称为成长叛逆期。在这个阶段里，孩子从喜欢依赖父母到逐渐成长，很想摆脱父母的关注和照顾，享受更大的自由。细心的父母会发现，原本愿意被爸爸妈妈牵着手的孩子，在这个阶段再和爸爸妈妈并肩而行的时候，往往不愿意和爸爸妈妈牵手。这是因为孩子长大了，不想再当父母的小宝宝了。

第三个叛逆期是每个人一生之中最大的叛逆期，就是青春叛逆期。有些孩子在度过青春叛逆期的时候，常常闹出点儿动静出来，甚至会和父母闹得不可开交。这是为什么呢？究其原因，就是父母不了解青春期孩子的身心发展特点，为此采取了错误的方式和孩子相处。现实中，有些父母到了三十几岁才生孩子，为此当孩子进入青春叛逆期的时候，父母也进入了更年期的早期。正如一部电视剧里所说的，当青春期撞上更年期，不得不说家里是非常"热闹"的。著名的网络写手和菜头说，关于要求孩子乖乖听话和给孩子自由之间的矛盾，父母要知道，孩子乖乖听话服从的不是父母个人，而是约束和规则，服从的也不是父母的一时兴起，而是父母的理性和常识。父母一定要认识到自己本身不是权威，而是代行者，这很重要。

明智的父母知道，青春期的孩子与父母之间发生的矛盾，往往是为了争取更多的自由空间。偏偏有很多父母并没有随着孩子的成长与时俱进，而总是在孩子渴望得到自由的时候，对孩子紧紧看守。对于内心充满叛逆的青春期孩子而言，父母过于严格的管教非但不能让他们俯首称臣，反而会激起他们内心的叛逆，使得他们总是有意或者无意地和父母对着干。事实上，与其让青春期的孩子感到窒息，甚至想要打破旧有的世界，不如给予青春期的孩子更大的自由空间，让他们尽情快乐地成长。

父母必须知道一点，那就是即使父母把人生的经验倾囊相授，孩子也不可能在人生道路上一帆风顺。前辈的经验固然重要，但是对于成长中的孩子而言，有些事情是需要亲身经历才能印象深刻，收获更多的。

自从乐乐上了六年级，妈妈发现自己和乐乐之间的关系变得剑拔弩张。有一天傍晚，乐乐放学回到家里，妈妈看到他的数学试卷才考了八十几分，就问："这次考试下滑很严重，为什么？"乐乐不以为意，说："比我差的多的是。"听到乐乐这句话，妈妈很不高兴，说："那你怎么不和考得比你好的同学比呢？"就这样，母子俩你一言我一语，舌战起来，闹得很不愉快。

事后，妈妈和爸爸说起这件事情，爸爸对妈妈说："青春期的孩子特别敏感，你觉得很普通的一句话在他听来，也许就是质疑。我发现乐乐特别反感我们把他和其他同学比较，我倒是建议你在和乐乐针对学习进行沟通的时候，要把关注点放在乐乐哪里做错了、哪里正确，引导他发现不足、弥补不足，这才是最重要的。"

对于青春期孩子而言，他们既渴望得到父母的认可和接纳，又不希望被父母拿来和其他优秀的同龄人进行比较。这是因为他们的自尊心非常敏感，他们希望自己可以被父母认可，而不希望被父母以比较的方式否定，这会让他们的自尊心受到严重打击，使他们产生严重的挫败感。

每一个和青春期孩子较真儿的父母，最该做的事情就是对孩子放手，让孩子在充满爱和自由的环境里舒展身心。这样孩子才能顺从自己的天性快乐地成长，也才能减少和父母之间的矛盾，怀着愉悦的情绪走向成熟的未来。当然，想做到这一点并不容易，父母必须努力做到以下三点：

1.孩子一天天长大，父母不要始终停留在孩子小时候，而是要跟随孩子成长的节奏。

2.孩子的能力越来越强，父母要给予孩子与其能力相符的自由，这样孩子才不会感到被禁锢、被束缚。

3.每个孩子的脾气秉性各不相同，父母要知道是采取顺毛捋还是采取激将法的方式对待孩子。当然，如果良好的沟通能够解决问题，那就更好。

矛盾箴言：爱就像是手心里的沙子，越是攥得紧，越是流失得快。父母对于青春期孩子的爱，正是要学会放手，给予孩子更为广阔的天地，让孩子自由地驰骋，这样孩子才能听到生命的召唤。

父母要学会接纳平凡的孩子

过早地传授知识给孩子，在孩子不能理解的层面上提升孩子的能力，必将导致孩子的能力持续弱化。

——李中莹

对于父母而言，最艰难的是什么？不是花费大量的时间和精力照顾孩子，不是付出大量的物力和财力培养孩子，而是随着孩子的不断成长，父母对于孩子过高的期望变得遥不可及。作为父母，必须接受孩子很平凡的事实，从而放弃那些对于孩子不切实际的幻想。中华人民共和国名誉主席宋庆龄曾说过，"孩子们的性格和才能，归根结底是受到家庭、父母，特别是母亲的影响最深。孩子长大成人以后，社会成了锻炼他们的环境，学校对年轻人的发展也起着重要的作用。但是，在一个人的身上留下不可磨灭的印记的却是家庭"。由此可见，家庭对于孩子们的影响很深远，尤其是父母作为孩子的第一任教育者，更是在很大程度上决定了孩子的人生发展。

不可否认，很多父母都希望自己的孩子能够优秀，出类拔萃，然而，这只是父母一厢情愿的幻想而已。尽管每一个孩子在出生的那一刻就被父母寄予深切的期望，实际上孩子对这一切浑然不知。他们按照自己内心的节奏成长，也许会竭尽所能去做一些事情，往往是兴趣作为驱动力。但是父母希望的恰恰与孩子的真实表现相矛盾，几乎每一个父母都希望孩子能够跨越童年，变得懂事听话，能够做到积极主动地学习和努力奋斗。实际上对于孩子来说，这是根本不可能实现的。罗马不是一天建成的，胖子不是一口吃成的，孩子也不是在突然之间就长大的。

孩子需要按部就班地成长，尽管父母对孩子的成长心急如焚，也热切期望孩子能够有所成就，但是大多数孩子都是很普通而且平凡的。随着孩子的不断成长，父母对于孩子的期望越大，失望也就会越大，有些不够理性的父母未免因此而指责孩子、嫌弃孩子，其实这与孩子有什么相干呢？父母过高的期望与孩子平凡的现状之间之所以存在矛盾，就是因为父母对孩子的期望太高，而不是因为孩子本身的资质太过平庸。要想缓解或者消除矛盾，父母就要意识到矛盾产生的根源，从而督促自己放平心态，接纳孩子本来的样子。

随着丁丁不断成长，妈妈对丁丁越来越感到失望。在妈妈的记忆里，丁丁从小就是一个长得非常漂亮的男孩儿，头脑灵活，思维活跃，特别聪明。但是随着年龄不断增长，丁丁却表现得越来越平庸，他的成绩在班级里始终不上不下，各个方面的能力也不够突出。妈妈对丁丁感到很不满。为了提升丁丁的能力，她给丁丁报名参加了各种课外班、培训班，目的就是想让丁丁有更加突出的表现。这样丁丁就失去了休息的时间，他对于妈妈的一切安排都很抵触，有一次居然在上课外班的时候偷偷溜出去玩，这把妈妈气得七窍生烟。看着原本懂事听话的丁丁变得越来越叛逆，整个家庭的生活都硝烟弥漫，陷入一场旷日持久的战争中。爸爸最终意识到问题的所在，对妈妈说："这个孩子也许一生都会这样平淡无奇，岁月静好不也是命运的恩赐吗？你又何必非要强求他出人头地呢？这样做一旦激发起他的逆反心理，说不定还会使他走上人生的歪路。"在爸爸的劝说下，妈妈终于放弃较劲儿，与丁丁争吵的次数减少，渐渐地，妈妈还会带着欣赏的眼光去看丁丁。在妈妈的赏识与认可中，丁丁恢复了理性的思考，不再总是叛逆。

没有人会是上帝的宠儿，上帝在造人的时候，从来不会把一个人造得很完美，而是会给每个人安排一些优点，也会给每个人安排一些缺点。如果父母本身就不完美，又何必要求孩子一定要面面俱到地实现完美呢？何况在这个世界上，根本没有真正的完美可言，我们即便竭尽所能，也只能不断地趋于完美而已。

作为父母，要认识到亲子关系除了有天生的血缘关系在内之外，还有后天相处的缘分在内。没有人愿意和一个总是嫌弃自己的人相处，更不会对这个人产生好感和信任，孩子也是如此。即使那个人是他们的父母，他们也不会始终接受来自父母的否定、评判和挑剔、苛责。明智的父母知道，孩子就是孩子，是完全独立的，不会因为任何人而改变。他们会发自内心尊重孩子，也会给予孩子更多的爱与自由，让孩子在更快乐宽容的家庭氛围中健康茁壮地成长。在生活中，他们会注意做到以下四点：

1.完全接纳最真实的孩子。每个孩子都是降落人间的天使，爱上他们本来的样子，是作为父母最应该做的事情。

2.不嫌弃孩子，让父母把孩子的缺点也看得可爱，而不是对孩子心生嫌弃。

3.多多鼓励孩子，慷慨地赞美孩子。既然好孩子都是夸出来的，父母何不以夸赞的方式激发孩子的潜能，让孩子在各个方面表现更好呢！

4.每个生命都很平凡，孩子的平凡正如父母的平凡一样。

矛盾箴言：在健康的亲子关系中，父母绝不想要占有和改造孩子，相反，他们把自己与孩子的相遇看成一场深厚的缘分。他们想方设法让孩子在童年中感到幸福和满足，也会采取合适的方式和方法与日渐成长的孩子相处。他们把做父母当成毕生从事的伟大事业，知道何时与孩子保持适度的距离，也知道何时在孩子的生命中挺身而出和退居幕后。

矛盾

第六章
家人矛盾：
我们总是习惯把最坏的留给亲人

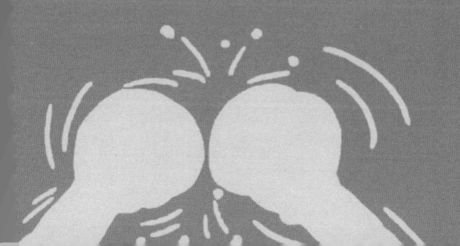

社会是个大家庭，家庭又何尝不是一个复杂的小社会呢？

俗话说："家和万事兴。"这句话看起来只有短短的五个字，实际上蕴含着深刻的人生哲理和家庭成员的相处之道。在很多家庭里，夫妻之间、亲子之间、手足之间，并不能和谐相处，这导致整个家庭的氛围都非常紧张，也成为社会上不稳定的一个小小家庭单位。对于每个人而言，家庭是生存的基础，必须处理好家庭矛盾，才能让家庭成员之间相亲相爱，必要的时候还可以相互合作和支持，获得强大的人生力量。

相互尊重，给彼此留下空间

不尊重别人的人，别人也不会尊重他。

——席勒

　　在两代人的家庭里，相处显得相对容易，而在三代人的家庭里，相处则会变得非常复杂且富有变化。这是因为人作为相处过程中不确定的因素，一旦发生变化就会对其他很多方面产生影响，也会像蝴蝶效应一样引发很多问题。很多人都说一家人其乐融融，其实在成员众多的家庭里，要想做到其乐融融并不容易。每个家庭成员都是独立的，却要在同一个屋檐下生活，一不小心就会给对方带来困惑和障碍，这会使得原本很愉快的相处遮蔽上乌云。

　　法国哲学家笛卡儿提出了"我思故我在"的思想，他曾说过，一个人只有尊重别人，才能得到别人的尊重。美国人本主义哲学家弗洛姆也说，尊重生命、尊重他人，也尊重自己的生命，是生命进程中的伴随物，也是心理健康的一个条件。其实，家庭成员之间相处，也和与陌生人相处一样，只有以真诚友善作为基础，相互尊重，才能赢得对方的尊重。否则，一个人对于至亲至爱的家人总是没有耐心，动辄厉声呵斥，那么哪怕对方只是个孩子，渐渐地也会回报以同样的态度。

每个人都有安全距离，心理上也有能够接受的距离。如果从现实中入侵他人的领地，就会给他人的精神带来威胁性，使他人感到危险的靠近。这样的感觉是很难受的，没有人会喜欢。为此我们在和家人相处的时候，尽管是生活在同一个屋檐下亲密的人，也要尊重家人的安全距离，而不要随意地无限度靠近家人，侵入他们的私人空间。

　　除了身体上的距离需要保持之外，家庭成员之间的关系往往非常亲近，这就更需要保持适度的心理距离。生活中，有很多人误以为家人之间就是应该不分彼此，所以与家人相处时总是没有边界，常常会有心或者无意地入侵家人的领地。不得不说，这是非常糟糕的，会让家庭生活缺乏秩序，也会导致家庭生活陷入混乱之中。

　　如果说新生儿从一出生就要依靠父母的照顾生存，那么随着渐渐成长，他们形成自我意识，把自己与外部的世界独立开来，还会形成自己的独特观点，做事情的时候表现出主见。在这种情况下，父母如果误以为自己生养了孩子，就有权利对孩子的人生指手画脚，则大错特错。孩子因为父母来到这个世界上，却并不属于父母，更不依附于父母。他们是独立的人，有自己的生命和感知，也有自己的主见和思想。作为父母，在看到孩子越来越特立独行的时候，要感到欣慰。

　　父母不但要和孩子保持距离，如果和长辈住在一起，也要尊重长辈的生活习惯，给予长辈更加自由的生活空间。很多年轻人都会以自我为中心，不知不觉间就会剥夺他人的很多权利，尤其是面对日复一日老去的老人，他们更是会觉得自己要照顾好老人，还会在无形中限制老人。其实，不管是孩子还是老人，都不想在自己具备行为能力的情况下变成他人的提线木偶。明智的年轻人知道，在一个家庭里生活，每个人都有自己的领地，也有自己的权利和自由。

作为上有老、下有小的中年人，马丁如今最头疼的事情就是，他的父亲总是会给他的儿子带来很多负面的影响。马丁的父亲脾气很暴躁，动辄发怒，哪怕是和孙子在一起也像老小孩儿一样，爱和孙子争，还喜欢和孙子打闹。偏偏孙子最喜欢爱老小孩儿的爷爷，常常和爷爷在一起玩耍，渐渐地，孙子的脾气也变得糟糕起来。有一天，孩子因为小小的不如意就开始发脾气，马丁尝试教育孩子，爷爷却给孙子助威，最终马丁忍无可忍，对爷爷说："爸爸，这是我的孩子，我有教育他的权利和自由，请你不要干涉，也不要妨碍，好不好？"爷爷当即发起怒来："我不是把你也教育得很好吗？你长大了，翅膀硬了，就想和我叫板啊？"当着孩子的面，马丁被老爷子一番抢白，气得恨不得当即和老爷子分开住才好呢！

事后，妻子对马丁说："马丁，你要是想把孩子教育好，以后就不要总是当着老爷子的面教育孩子，否则孩子还没教育好，又来了一个老小孩儿添乱，这样如何能保证教育的效果啊！"马丁愤愤地说："我恨不得马上从家里搬走，咱们必须努力挣钱和攒钱，才能实现有小家的愿望！"妻子说："其实，不管在大家还是在小家里，道理是一样的。你要和妈妈好好沟通，让她劝说爸爸不要当着孩子的面反驳我们，否则我们在孩子面前没有权威，如何教养孩子呢？只要家里的每个人都知道自己的行为边界在哪里，事情就会好办多了。"

要想让家庭里的每个成员都知道自己的行为边界，在一个大家庭里，这并不是一件容易的事情。父母在没有外力干扰的情况下，很容易就能帮助孩子确定行为边界。当家里有老人的时候，作为晚辈要让长辈明白哪些事情能做、哪些事情不能做，就必须讲究方式和方法，才能既达到目的又不引起家人的反感，取得最好的效果。

在一个家庭里，每个家庭成员都要互相尊重，这种尊重是对于人格的尊重，没有长幼尊卑的区别，晚辈要尊重长辈，长辈也要尊重晚辈，如此才能形成良好的家庭氛围，也能让家庭生活更加和谐融洽。当然，在上有老、下有小的家庭中，作为顶梁柱的中年父母，才是真正的灵魂和核心人物，也在很大程度上决定了全家人将会拥有怎样的生活。这就需要我们注意以下三点：

1.亲人之间一定要积极沟通，如果因为一些问题产生分歧，不如当即就摆在桌面上谈，这样开诚布公才能及时解决问题，消除误解，保证家庭和谐融洽。

2.每个家庭成员之间都要相互尊重。

3.让每个家庭成员明确自己的行为边界，这样才能保证彼此友好相处。

矛盾箴言： 人与人之间即使关系非常亲近，也需要彼此尊重，因为尊重正是人际相处的基础，也是人们建立良好关系的必要条件。这个定律即使在家庭里、亲人之间，也同样适用。

婆媳关系真的是世界性难题吗

> 失去了慈母便像花插在瓶子里，虽然还有色有香，却失去了根。
>
> ——老舍

那些经常被婆媳关系困扰的人，不管是婆婆还是媳妇儿，抑或公公和儿子，都会深刻地认识到一句话的正确性——婆媳关系是世界性难题。有些人在还没有成为婆媳关系中的一员或者没有正式参与婆媳关系的时候，就会认同这样的观点，也坚定不移地认为婆媳关系根本无法处理好，最终带着先入为主的态度，戴着有色眼镜看待婆媳关系。这么做的直接后果是，在婆媳关系真的开始时，他们难免会陷入误区和困境。自古以来，赞美母亲的人很多，那些深陷婆媳矛盾之中的人，媳妇儿忘记了婆婆是一位母亲，婆婆也忘记了自己是一位母亲。美国前总统林肯对母亲有着至高无上的评价，他说，我之所有，我之所能，都归功于我天使般的母亲。如果能够以母亲的身份贯穿在婆婆和媳妇儿之间，那么婆媳关系一定会有所改观。

婆媳关系为何处不好呢？这件事情既不能单纯责怪婆婆，也不能单纯责怪媳妇儿。不管是作为婆婆还是作为媳妇儿，都不要把关系恶劣的责任推到对方身上，而是要更多地反思自己，这样才能有的放矢地解决婆媳相处的问题。

首先，婆婆和媳妇儿不是亲娘俩，没有血缘关系，婆媳之间的关系不可能像母女关系那样亲密无间。其次，婆婆和媳妇儿爱着同一个男人，如果这个作为饼干夹心的男人厚此薄彼，就很容易导致婆媳都不满意，不但抱怨这个男人，而且还会彼此怨恨和仇视。有些单亲抚养儿子成长的婆婆，对于儿子会有很强的占有欲，又因为她们在单身之后把所有的时间和精力都投注在儿子身上，所以她们根本不愿意和任何人来分享儿子。在这样的心态影响下，婆婆会变得很难相处，因为她总是对媳妇儿吹毛求疵，甚至不想让媳妇儿吃掉那些美味的食物，而只想给儿子吃得更多一些。不得不说，很多时候妈妈的爱是非常自私的。

记得中国台湾作家三毛曾经写过和婆婆几次相处的情景，其中有一次就是和大胡子荷西一起去了婆婆的家里，见到了公婆。让三毛感到非常惊讶的是，平日里对她言听计从的荷西，一旦回到父母的面前，就对她表现出各种颐指气使。一开始，蕙质兰心的三毛不知道原因在何处，后来才意识到婆婆最疼爱的是荷西，而不是她这个很陌生的媳妇儿。后来，公婆和大姑姐一家去荷西和三毛生活的地方旅游，又是三毛整日蓬头垢面照顾一家人，还要表现出丝毫没有怨言的样子。正是因为如此，婆婆对于三毛这个媳妇儿还算是满意。反之，如果让婆婆看到自己辛苦养大的儿子要去照顾另一个女人，婆婆心里会做何感想呢？婆婆一定不乐意，也不会高兴看到这样的情景。不得不说，三毛是非常聪慧的女子，所以几次见到婆婆相处都还算愉快。

由此可见，婆媳关系是否是难题，并不取决于这种微妙关系本身。因为世界上真的有婆媳之间相处比母女更好的，尽管很少，却让我们在婆媳相处的矛盾中看到微光。作为婆媳，要想更好地相处，就一定要摆正各自的位置，端正各自的心态，要以付出为主，而不要总是奢望索取。俗话说，精诚所至，金石为开，当婆婆和媳妇儿都能放下心中的芥蒂，怀着坦然之心面对对方，则日久天长，就能换取对方的真心。

一直以来，菁菁和婆婆之间的关系还算不错。菁菁和老公是裸婚，结婚的时候既没有房子、车子，也没有婚纱、钻戒，还没有浪漫的婚礼。婆婆呢，因为没花钱就娶到一个有学历、有工作，还长相端庄、身材高挑的媳妇儿，感到非常满意，也很知足。在很长一段时间内，菁菁和婆婆之间都相处愉快，每到逢年过节菁菁就会和老公一起回家看望婆婆，结婚之后的几个春节，菁菁还主动给了婆婆一些钱。然而，自从有了孩子，情况就发生了改变。

菁菁生孩子的时候，婆婆因为给大儿子家里带孩子没有到场。这几年来，婆婆一直给大儿子带孩子。产假休完，菁菁意识到只靠着老公一个人工作无法养家，为此邀请婆婆和公公来家里帮忙带孩子，还承诺给他们养老送终。但是公婆，没有一个人允诺给菁菁带孩子的。就这样，菁菁妈妈不得不提前办理内退，损失了一大笔退休金过来帮忙带孩子，让菁菁出去工作。这个时候，菁菁感觉婆婆很偏心，对婆婆颇有意见。渐渐地，婆媳关系也就疏远了。后来，又因为婆婆没有亲自帮助带孩子，所以对于这个孙子也很淡漠。看到孩子被婆婆忽视和冷落，菁菁对婆婆的怨恨更深了。

在不止一个孩子的家庭里，如何协调和平衡孩子们之间的关系，这是一个很大的难题。父母的心都是肉长的，而不是精密的电子秤。每个孩子的成长不同，为此父母根本不可能做到对所有的孩子绝对公平，也不可能对所有的孩子一视同仁。父母有所偏爱，这是正常的，但是要以巧妙的方式在孩子们之间维持平衡，才能保证家庭和谐愉悦。记得有一位心理学家说过，父母的不公是导致兄弟姐妹反目成仇的最大原因。作为父母，生养更多的孩子往往是希望孩子们之间能够有个伴，也是希望孩子们可以在这个冷漠薄情的世界上相互依存，彼此关照。如果孩子们之间变得比仇人还仇人，那么父母养育更多的孩子还有什么意义呢？

在婆媳关系中，婆婆要更加关注公平的问题，给予每个孩子更多的关爱和照顾。这是因为儿子可以不计较，但是媳妇儿很难不计较。婆婆对于媳妇儿的付出是在媳妇儿和儿子结婚之后，所以婆婆切勿觉得自己生养了儿子，就理所当然享受儿子和媳妇儿的照顾和孝敬。在婆媳关系中，婆婆作为长辈，首先要摆正态度对待媳妇儿，才能赢得媳妇儿的尊重和敬爱，才能为婆媳相处奠定良好的基础。与此同时，作为媳妇儿，也要更多地体谅婆婆，而不要强求婆婆做到绝对的公平。就像事例中的婆婆除了因为要帮助大儿子带孩子之外，也因为他们故土难离，不想背井离乡去陌生的城市生活，所以才不敢允诺帮助菁菁带孩子。

在这个世界上生存，人人都有苦衷。婆媳之间因为关系特殊，相处更难。然而，只要彼此都怀有善良的意愿，努力与对方相处，那么就算是有些磕磕绊绊，也能够做到彼此包容和理解。婆媳相处有以下四点需要引起注意：

1.媳妇儿要把婆婆当成妈，对婆婆理解、包容，也对婆婆心怀感激。如果没有婆婆，哪来的你爱的这个男人呢？

2.婆婆要把媳妇儿当成自家人，不要和媳妇儿"争风吃醋"，世界上又多了一个人爱你的儿子，岂不是更好吗？

3.婆媳矛盾一旦发生，就要坚持不记隔夜仇的原则，及时沟通，及时消除误解，及时处理问题。

4.婆媳只要设身处地为对方着想，彼此心怀感恩，关系自然就会越来越近。

矛盾箴言：作为婆婆要时刻谨记媳妇儿不是女儿，作为媳妇儿要时刻谨记婆婆不是妈，这样才能更加收敛自己而友好地与对方相处，维持一种和谐。

隔代疼爱引发的教育观念冲突

家是世界上唯一藏匿着失败和人类缺点的地方，但家也是充满爱之蜜糖的地方。

——萧伯纳

前文专门讲述过亲子教育的矛盾，主要是从父母和孩子的角度出发来进行阐述和分析。看到这里再次说起关于孩子的教育问题，一定有读者朋友感到困惑：教育孩子和家人相处有什么关系呢？这么说的朋友或者没有养育孩子的经验，或者是自己独立教养孩子，而没有和老人一起负责教养孩子的经验。实际上在有老人帮忙带孩子的家庭里，由于老人对孩子的隔代疼爱引起的教育冲突时常发生。有的时候，这些冲突还会演变成老人和孩子父母之间的矛盾，使得家庭生活危机重重。

受传统观念的影响，看到隔代人，老人总是特别疼爱，甚至原本对于自己的子女非常严厉的老人，在看到孙辈环绕膝下的时候，也会马上内心敏感且柔软，只想给予孩子更多的爱。基于这样的想法，他们常常对孩子有求必应、言听计从，完全忘记自己当年在教育孩子的时候是多么坚持原则、多么严厉。当然退一步讲，对于老人而言，就算想要教育好孙辈，他们原来的很多教育的理念和观点也都已经落伍了。从这个角度而言，作为老人发挥余热，帮助子女教养孩子时，一定要坚持与时俱进，这样才能避免因为教育观念冲突而引发新的矛盾。美国现实主义作家德莱塞说，和睦的家庭空气是人世间一种美丽的花，没有东西比它更温柔，没有东西比它更优美，没有东西比它更适宜于把一家人的天性培养得坚强、正直。由此可见，不管因为什么，我们都要优先保证家庭和睦，才真正有助于对孩子的教育。

作为新手妈妈，若如也许没有那么多养育孩子的经验，但是对于科学育儿观念却了解得非常透彻。若如的老公是家里的独生子，所以在若如到预产期之前一个星期，婆婆就带着很多东西从老家赶来，准备伺候若如坐月子，还计划将来要带孙子。孩子生下来一切顺利，在孩子上学之前，若如一直和婆婆相安无事，即使有一些小小的不愉快，也都能相互理解和体谅。然而，等到孩子上小学，若如和婆婆之间的矛盾突如其来。原来，孩子上一年级，不喜欢写作业，每天晚上若如都要辅导孩子完成作业，又难免看着孩子磨磨蹭蹭的样子感到心急，为此对孩子河东狮吼。每当这时，婆婆就会护着孩子，还会当着孩子的面批评若如："你怎么总是对孩子这么严厉呢！船到桥头自然直，孩子长大了，知道学习了，自然就会好了!"

对于婆婆放羊式的教育理念,若如不能认同,她说:"您能培养出来一个大学生儿子,完全是巧合,没有什么必然性。那是在农村,大家都没有要培养孩子好好学习的意识。如今,我们在城市里生活,竞争多么激烈啊,人家的孩子都在努力,咱家的孩子当然不能输在起跑线上!"

这样的争吵发生的次数多了,让原本还可以和谐相处的若如和婆婆渐渐地疏远,产生隔阂。有一次,在婆婆又对自己的教育方式指手画脚之后,若如终于爆发:"妈,在家里不管有什么矛盾或者分歧,我们都可以协商解决,唯独在教育孩子的事情上,我绝对不会妥协。"

作为父母,想要把孩子教育好,这是可以理解的。作为奶奶,特别疼爱孙子,这也是可以理解的。但是当这两种可以理解的行为放在一起时,矛盾就应运而生。在很多的家庭里,婆媳之间固然可以和平相处,但是在涉及孩子教育问题的时候,婆媳矛盾就会激化。当然,在隔代教育观念的战争里中,不仅仅只有婆婆和媳妇儿参与,家里很多的长辈和孩子的父母都会因此而发生矛盾和冲突。这样的问题如果只是在爆发的时候才解决,就只能起到很短暂的效果。唯有从根源上解决问题,作为年轻父母要告诉帮忙带养孩子的长辈教育的原则和底线,让彼此都明白在孩子教育问题上的边界,这样才能形成良好的规则,也让家庭生活秩序井然地进行。

作为长辈,能够帮助子女带养孩子,当然是发挥余热、主动热心的表现。但是如果在带养孩子的过程中,总是干涉子女教育孩子,则无形中就会帮了倒忙。孩子是很敏感的,当看到父母在教训自己的时候,又被爷爷奶奶、姥姥姥爷批评和训斥,他们马上就会意识到发生了什么。所以，如果长辈总是干涉子女教育孩子，就会导致教育的效果大打折扣。明智的长辈即使对于子女教育孩子看不入眼，也不会当着孩子的面说一些否定的话，而是在背地里以恰到好处的方式对子女提出合理建议。这样的解决方法是更加平和的，也不会在家庭生活中引发巨大的矛盾。以下四点以资借鉴：

1.父母不要把孩子完全交给老人去带养，要主动肩负起教育孩子的主要责任。

2.作为年轻一代的父母要多与老人沟通，不要一面需要老人帮助，一面又觉得老人的观念落后。只有深入沟通达成一致，才能减少矛盾的产生。

3.父母和老人要做到分工明确，责任分明，切勿当着孩子的面产生争执，否则会对孩子起到负面影响。

4.作为老人，要在孩子面前维持父母的权威，哪怕认为父母的做法欠妥，也只能在私底下和父母沟通。

矛盾箴言： 不管是祖辈还是父母，都想更好地爱孩子，给孩子提供成长的条件和环境，却不知道孩子很会钻空子，也许在不经意间就发现了祖辈和父母在教育他的问题上面临的冲突和矛盾，为此会乘虚而入，表现出孩子独有的狡黠。

兄弟手足之间也要用心相处

交往是人类的必然伴侣。

——马克思

　　人与人之间即使有亲戚关系，也未必能够相处很好，这是因为天生的关系如果没有后天的维护，就很难维持下去，也无法保持良好的状态。俗话说，远亲不如近邻，这就告诉我们人与人之间相处一定要讲究方式和方法，才能促进关系更进一步发展。否则，就算是有亲戚关系的人，如果因为各种事情而产生矛盾，发生争执，则渐渐地，彼此之间的距离就会越来越远，根本不可能有良好的进展。

　　在亲戚关系之中，一母同胞的手足关系是最为亲近的，也是人们在这个世界上除了和父母的关系之外，所拥有的最为亲密无间的关系。《旧约》中说，朋友乃平常亲爱，兄弟为患难而生。可见《旧约》把兄弟之情放在很重的位置，认为兄弟之间是要患难与共的。在如今，有很多手足之间都无法做到友好相处，还常常会因为各种各样的冲突而爆发矛盾，这又是为什么呢？

　　从心理学的角度而言，对于陌生人，我们往往无欲无求，不会奢望得到陌生人的爱与关照，也不会对陌生人提出过分的要求。但是当面对熟悉的亲人时，关系越是亲近，我们对对方的要求越是会提高，这是因为我们觉得对亲人付出了很多，为此也就奢求从亲人那里得到更多的回报。

在西方，曾经有一位大名鼎鼎的心理学家指出，孩子们尽管出生在同一个家庭里，看起来拥有共同的父亲母亲，也拥有相同的成长环境，而实际上，根据孩子出生序列的不同，每个孩子生存的微环境都是不同的。例如，在一个家庭里，老大第一个出生，从一出生就拥有父母全部的爱和关照。等到老二出生的时候，他所要面对的不仅仅是父母，还有作为哥哥或者姐姐的老大，与此同时他也不可能得到父母所有的爱，因为家里已经有一个孩子了。等到老三出生的时候，他有两个兄弟姐妹，只能得到父母三分之一的爱。而随着老二的出生，老大有了一个弟弟或者妹妹；随着老三的出生，老大有了两个弟弟或者妹妹，而老二也从家里的最小，到拥有了一个弟弟或者妹妹。由此可见，在整个家庭里，随着孩子的不断出生，每个孩子的生存环境都变得不同。

我们常说兄弟如手足，为何说兄弟是手足呢？是因为手足不可去。当孩子们把兄弟姐妹视为手足，他们与兄弟姐妹之间的关系就会更亲密，感情就会更深厚。遗憾的是，在很多家庭里，兄弟手足之间会有各种各样的矛盾，或者是年幼时为了争抢玩具，或者是长大后为了对方没有帮助自己，或者是因为一些愿望没有被满足，所以感到内心不满。

就在昨天晚上，乐乐因为一件事情和妹妹发生了争执，这导致妈妈也参与进来。其实，妈妈之所以生下妹妹，就是因为乐乐的心愿是有一个小妹妹。但是自从小妹妹诞生之后，爸爸妈妈投入在乐乐身上的关注越来越少，而且随着小妹妹不断成长，每当妹妹和乐乐之间发生冲突的时候，爸爸妈妈总是会倾向于维护妹妹。渐渐地，乐乐对妹妹的存在越来越反感，而且行为上也有变小的倾向，甚至心智都变得不够成熟。就像昨天晚上，乐乐想玩电脑，妈妈已经说服妹妹把电脑让给乐乐玩。当乐乐坐在电脑桌前，并没有第一时间开始玩电脑，而是对依然躺在他电脑椅后面秋千上的妹妹说："赶紧走！"看到乐乐态度恶劣，妈妈不知道这是为什么，乐乐告诉妈妈："她玩电脑的时候，就总是赶我走！"听到这个理由，妈妈感到很可笑："她现在并没有打扰你，你不用赶她走。"乐乐却坚持要赶走妹妹，无辜的妹妹继续躺在秋千上，妈妈开始要求乐乐不许赶走妹妹。最终，乐乐和妹妹之间的矛盾，变成了妈妈和乐乐之间的矛盾，妈妈一怒之下摔坏了鼠标，结果谁也不能再玩电脑了。

心理学家研究发现，在一个家庭里，老二的出生会让老大变得幼稚，心智水平降低，这是符合心理现象的事实，也是有心理学依据可循的。乐乐坚持要求以妹妹对待他的方式来对待妹妹，从本质上而言没有错，但是他只是在追求绝对的公平，而没有想办法保持自己和妹妹之间的平衡状态。

在乐乐和妹妹关系恶化的过程中，父母也有不可推卸的责任。爸爸妈妈在迎接妹妹出生之后，无形中忽略了乐乐的感受，也减少了对乐乐的关注。结果，把乐乐因为妹妹降生而拥有的满心欢喜，变成了对妹妹的不满和抱怨。很多父母总觉得新出生的孩子更需要照顾，却不知道先出生的孩子面对后出生的孩子有很大的压力。新出生的孩子一出生就面对这样的家庭环境，而先出生的孩子难以避免要面对和接受各种改变。为此，父母要帮助先出生的孩子渡过这个难关，让他们意识到即使家里又多了一个孩子，父母对于他们的爱也没有丝毫改变。这样一来，先出生的孩子才会拥有安全感，不至于因为后出生的孩子而感到惴惴不安，更不至于对后出生的孩子产生敌视态度。

作为父母，要想避免兄弟姐妹反目成仇，就一定要采取正确的态度对待不同序列出生的孩子，这样才能营造更加和谐友好的家庭氛围，让兄弟姐妹之间相处更融洽，也让兄弟姐妹之间的感情更加深厚。那么，如何才能处理好兄弟手足之间的关系呢？

1.在一个家庭里，父母的偏爱是导致兄弟手足反目的重要原因之一，父母固然不能做到绝对公平，却也不要特别偏爱某一个。

2.血缘关系是不可磨灭的，是生命的延续，是人与人之间天然的牢固纽带。在这个世界上，除了父母、孩子与我们关系最近，剩下的就只有兄弟和爱人与我们不离不弃。

3.珍惜兄弟的情谊，就像珍惜手足那样。手足不可断，兄弟不可弃。

矛盾箴言：即便亲如兄妹手足，也依然要用心相处，才能建立和维持良好的关系。在兄妹手足的相处中，明智的父母会扮演好平衡的角色，从而为加深手足亲情做出努力。

结婚是你的事情还是我的事情

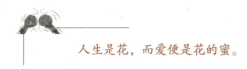

人生是花，而爱便是花的蜜。

——雨果

　　每年到了春节假期，很多年轻人都不愿意回家，不是因为他们不想家，也不是因为他们不愿意和爸爸妈妈相处，而是因为他们不想面对父母和亲朋好友的催婚。一直以来，部分中国人都显得过度热情，尤其是在家人之间，大家总觉得理所当然要关照对方，而丝毫不认为这已经侵犯了对方的领地，也涉及对方的隐私。正是基于这样的心态影响，一直以来，催婚的现象在各个家庭里愈演愈烈，简直到了让人避之不及的地步。所以，在假期，年轻人"租"个女友或者男友回家的事情不时发生。这听起来让人感到啼笑皆非，其实出现这种状况还是有现实基础和依据的。

　　诚然，婚姻自由已经提倡好多年，现如今基本上没有包办婚姻了，但是在催婚的背景下，被逼着相亲的事情却时有发生。有些年轻人一旦回到家，每天至少一场相亲，在尴尬的情况下和陌生的异性见面，带着对对方的好感或者不满说些不咸不淡的话，仅仅是想一想，这样的假期都让人感到兴致索然。

　　尤其是那些七大姑八大姨，总是不分青红皂白就给年轻人牵线搭桥，介绍相亲的对象。现代社会婚恋自由，谁还愿意为了结婚而结婚呢？很多年轻人都对爱情怀有美好的想象和憧憬，为此他们并不想就这样轻易地把婚姻大事以敷衍了事的态度完成。

面对催婚，有些年轻人能保持理性，采取适宜的方式表示拒绝，而有些年轻人则沉不住气，甚至为此和催婚者发生矛盾。很多年轻人拒绝催婚最主要的说辞就是"没有合适的"，但是催婚者偏偏不理这个茬，非要逼得年轻人说："你还是别管我啦，结婚是我自己的事情。"后面这一种说法显然有些生硬，往往无法让对方以好意掩盖尴尬。

特别是近些年来，随着社会的发展，有越来越多的大龄剩男剩女涌现，为此也就有更多的家庭里爆发催婚的矛盾大战。尤其是母亲扮演的催婚者，更是会火急火燎地催促年轻人结婚，引起年轻人的反感。被催促的年轻人，在对母亲表达抗拒的时候，不妨想一想美国诗人惠特曼说过的话——全世界的母亲是多么的相像！她们的心始终一样，每一个母亲都有一颗极为纯真的赤子之心。当理解了母亲的苦心，年轻人自然不会再抱怨母亲。固然缘分天注定，可遇不可求，而要想化解这种矛盾却也是很容易的。作为被催婚者，要以合理方式拒绝催促，而作为催婚者，要确定和被催婚者的交往边界，不要总是一看到被催婚者就忍不住要催婚。催婚者要更加尊重被催婚者，可以适当地提醒被催婚者，却不要没有限度地催促被催婚者。

每次春节回家，阿雅都觉得非常厌烦，这是因为在她父母的动员下，七大姑八大姨只要一看到她就会催婚，而丝毫不管她是否愿意听。这不，腊月二十八，阿雅才刚刚回到家里，来串门的大姨就不分青红皂白对着阿雅一通教育："阿雅啊，你都多大了，为何还不赶紧找个对象结婚呢！你看看你妈妈一年更比一年老，如果你再晚几年生孩子，只怕她都没有力气帮你带了。"阿雅看着大姨，心中很烦躁，脸上带着笑对大姨说："大姨，我爸妈都不着急，您着急什么呢！况且，我姨妹就比我小一岁，不是也还没结婚嘛，我觉得您还是操心操心她的事情！"大姨那么聪明，当即听出阿雅的画外音，转而对阿雅妈妈说："妹妹，妹妹，你看你家这个公主多么地刻薄，哎呀，我还不都是为了她好嘛！"阿雅妈妈回答："唉，姐姐，你别管她，没见我最近都不爱管她嘛！上次，就为了找对象这事和我大吵一架，我就决定再也不管她的婚姻大事了。"

作为大姨，如果不知道真实的情况，就肆无忌惮把心里想说的话都说出来，未免会使人感到厌烦，毕竟很多年轻人都不愿意接受父母催婚，又如何愿意接受各种亲戚的催婚呢！其实，年轻人不是不想结婚，谁不憧憬和渴望爱情呢？只是他们还没有找到合适的结婚对象而已，也许当缘分到来，他们很快就会坠入爱河，恋爱结婚，也很快就会有幸福的小家庭呢！

事实上，催婚也不是一件好干的差事，因为婚姻涉及当事人的隐私，而当事人的感情状态是局外人很难理解的。为了避免被他人怒斥，也为了避免自己尴尬，在给他人催婚的时候，我们一定要认真慎重，而不要口无遮拦，祸从口出！当然，年轻人在面对他人催婚时，也要心平气和，只有提前想好合适的应对言辞，才能抵挡于无形！具体来说，年轻人化解催婚的矛盾要做到以下四点：

1.理解催婚者是出于好意，尽量减少对于催婚者的反感，从而以适宜的方式拒绝催婚者。

2.处理好个人的感情问题，每个人在相应的年纪都会渴望爱情，何不寻寻觅觅，让自己尽早与有缘人相遇呢？

3.如果对于婚姻问题有自己的理解，甚至不想结婚，那么不妨把真实的想法告诉催婚者，从而让催婚者认识现状，避免催婚者继续催促。

4.面对执着的催婚者，在各种委婉的拒绝都不能起到作用的情况下，不妨把自己的感受告诉催婚者，这是最直接且效果显著的方法。

矛盾箴言：人人都渴望爱情，而真正的爱情却可遇而不可求。作为父母和亲人，不能理解当事者对爱情的渴望也就罢了，切勿以催促的方式给当事者原本就已经火急火燎的心上浇油。

孝顺还是不孝顺，谁说了算

谁言寸草心，报得三春晖。

——孟郊

记得以前看过一句话，大概的意思是说人与人之间是需要和谐相处的，哪怕是父母和子女之间，也必须靠着友好相处才能融洽关系，加深感情。否则，如果作为孩子在长大成人之后对父母没有感恩之心，更不想把感恩付诸行动，作为父母在孩子有了独立的思想之后不能真正尊重孩子，给予孩子平等的对待，则亲子关系就会日渐疏远，亲子感情也会日渐淡漠。

人与人之间的关系，并不是靠着血浓于水就能处好的，还要靠着真诚用心地相处。在面对家人的时候，一定不要以为只靠着与家人之间的天然亲情就自然能维护好关系，而是要付出真心，有所期待。在很多家庭里，矛盾之所以产生，就是因为家庭成员疏于维护彼此之间的关系。当家人之间渐行渐远，还谈何亲情呢！最明显的对比是，有些陌生人彼此之间并没有特别的关系，却能够做到相互理解和体谅，相互扶持和帮助，不是亲人胜似亲人，不得不说，这都是用心相处的结果。

每当提起当初生老二受的罪，妈妈就会感到非常懊悔。这都是因为婆家重男轻女，所以她才不得不在生下女儿后，又生了老二儿子。如今，儿子和父母形同陌路，妈妈常常说最后悔的事情就是生了儿子。那么，父母和儿子之间会有什么深仇大恨呢？

一开始，儿子只是表现出没有孝心，花了父母很多钱上学，却丝毫不以为意，更不觉得心疼，反而觉得父母就是自己的取款机。后来儿子到了结婚的年龄，又干脆掏光了父母所有的积蓄。就在儿子婚后没多久，爸爸被检查出来身患两种癌症，儿子却不管不问，还说："找我姐姐吧，我姐姐不是说要管着你们的吗？"原来，因为姐姐结婚早，父母就给姐姐带了几年孩子。在带孩子期间，姐姐负担父母的一切开销，让父母把退休金攒起来留着给弟弟结婚用。如今听到弟弟说出这样的话，姐姐义无反顾承担起给爸爸治病的重任。而在爸爸住院一个多月，接受开胸手术治疗期间，弟弟连打电话问都没有问过。一年多之后，听说爸爸又能上班挣钱了，弟弟竟然赶到爸爸上班的地方，问爸爸："你到底得的是什么病？你现在一个月挣多少钱？……"

对于这样的儿子，真的是有还不如没有。这样的家庭矛盾爆发，和父母以前无原则地宠爱宝贝儿子有着密不可分的关系，这也间接使得儿子对父母毫无感恩之心，即使在成年之后，依旧对于父母索取无度。老话说，养儿防老，等到父母老了，需要孩子的照顾，孩子每次表现出的绝情，都是对父母最大的伤害，也让父母感受到彻骨的寒冷侵袭。

生活中，即便亲如父母子女，也需要好好相处才能建立良好的关系，形成深厚的感情。虽然血缘是天生的，但是感情却是要靠着后天不断培养才能加深的。在这个世界上，没有谁要一直对谁无条件地付出，父母会在孩子年幼的时候负责抚育孩子，而当孩子长大成人，父母从孩子身上看不到任何回报，就会渐渐地疏远孩子，甚至对孩子彻底绝望。

不得不说，父母和孩子之间形同陌路，是这个世界上最让人感到遗憾的事情。现代社会很多父母和子女之间的关系都从热切转向冷漠，都从熟悉变得陌生，这样的情况之所以会发生，一定是有原因。所谓解铃还须系铃人，矛盾的爆发需要找到根本的原因，才能有针对性地去解决。不管是父母还是孩子，面对彼此之间的疏离，都应该主动反思，积极地寻找原因，才能更好地相处。

1.父母不要无原则地溺爱孩子，否则孩子一旦认为父母就该为他们付出，就会对父母索求无度，还会因为欲望得不到满足而憎恨父母。

2.孩子要对父母怀有感恩之心，在力所能及的情况下，为父母做一些事情，只求小小地回报父母。

3.等到孩子长大，父母与孩子之间的关系就会变得很微妙，不再是以父母为主导，而是会出现更多的分歧、矛盾等，这就需要彼此用心，相互磨合，寻找到不同于孩子幼年阶段的相处模式与孩子相处。

矛盾箴言：有一次听到一个朋友的妈妈说了一句震撼人心的话：一个儿子有家，两个儿子没家。难道现在老人不都是信奉多子多福的吗？为何会这么说呢？其实，如果孩子不孝顺，十个加在一起也是不孝；如果孩子孝顺，一个也能顶得上十个。随着中国老龄化社会的到来，老人的赡养问题已经成为社会问题，需要得到全社会的关注和重视。

丈母娘是否催高了房价

我想不管是友情、亲情还是爱情，只有能够与时间对抗的才是真情。

——辛夷坞

前几年房价一路水涨船高，让很多还没有买房的人和很多正在准备买房的人，纷纷叫苦不迭。在这个物欲横流的时代，社会经济的快速发展，使得人心变得越来越浮躁。尤其是在房屋的价值不断攀升，有时在穷尽三代人的财力才能勉强付出一套房子首付的情况下，很多女孩儿在择偶的时候把房子列为首要的考察条件，更是有一些准丈母娘直接告诉未来的女婿：要想结婚，必须先买房。一时之间，网络上对于丈母娘的声讨此起彼伏。年轻人缺乏财力和物力的支撑，作为职场新人薪资水平也不高，情有可原。而作为丈母娘，当然希望女儿在嫁人之后有安稳的住所，可以不为买房而忧愁。那么，问题出在哪里呢？其实，房价之所以高涨，是市场规律决定的，刚需越多，房价越高，这是必然的。如果单纯说是因为房子昂贵而引起丈母娘和未来女婿之间的矛盾发生，就会伤害情侣之间原本和睦深厚的感情，这当然是得不偿失的。

作为年轻人想要结婚，安家立业，就不要抱怨丈母娘催高了房价。因为面对一个把房子看作头等大事的丈母娘，就算女婿对此感到不满，也不能改变丈母娘的心意。反之，如果丈母娘通情达理，知道年轻人需要奋斗一段时间才能有经济基础和条件，就会支持女儿和女婿一起奋斗。当然，后面这样的丈母娘可遇而不可求，甚至比得到爱情的缘分更加偶然，只能看女婿的修为。

从生活需求的角度而言，不管丈母娘是否催促女婿买房，年轻的情侣们在结婚的时候，的确是有稳定的住所会更好，可以买一些喜欢的家具，也不必担心搬家的麻烦和烦恼。当然，这里要想缓解丈母娘和女婿的矛盾，有一个观念会起到关键的作用。在传统思想的影响下，很多人觉得男方作为娶媳妇儿的家庭一定要有房子，而女方作为嫁女儿的家庭则只需要酌情陪嫁。在古代，女孩儿是嫁到男方家里生活，还要侍奉公婆，很少照顾自己的父母。而在现代，女孩儿和男孩儿往往因为爱情走到一起，成立小家庭，共同生活，对于双方的父母都是同样对待和照顾，甚至还会因为女孩儿和娘家妈妈更亲近，所以女孩儿带着丈夫回娘家的次数远远大于回婆家的次数。在这样的情况下，作为丈母娘还有必要要求一定要由女婿来准备婚房吗?

有些女孩儿是家里的独生孩子，那么父母在有能力的情况下，也可以在女儿女婿购买房产时助一臂之力。有些情侣会相约在房本上写上两个人的名字，则父母支援女儿买房就更是理所当然。

不可否认，每一个家庭的建立都是很艰难的，不管是作为婆婆还是作为丈母娘，在孩子们需要安家立业的时候，或者放手让孩子独立去创业成家，或者竭尽所能给予孩子更多的帮助，让孩子在起步阶段可以轻松一些。

总而言之，作为父母都希望孩子们能够生活得很好，过得更好，那么就不要斤斤计较，而是要有钱出钱，有力出力，为孩子的人生助力。父母即使没有能力帮助孩子也没有关系，只要给予孩子们鼓励和支持，相信孩子们对于父母的苦心会有所理解，也会对父母心怀感恩。

作为父母，要真的为了孩子好，而不要自以为是在为孩子好。很多父母不知道孩子真正需要的是什么，在面对孩子的婚姻问题时，更多地关注客观条件，这会与孩子对爱情的追求产生冲突。以下三点需要引起注意:

1. 面对孩子所爱的人，父母不要斤斤计较，所谓爱屋及乌，父母也要善待孩子的爱人，才能处理好与孩子之间的关系。

2. 当对孩子的爱人不满意时，父母一定要控制好自己，不要对孩子过多干预，也不要强求孩子必须听从父母的建议。要知道，孩子已经长大了，父母唯有尊重孩子，给孩子平等的对待，孩子才愿意对父母敞开心扉。

3. 房子问题是所有年轻人都要面对的现实问题，但是并非只有买房才能结婚，租房也可以组成一个家，最重要的是家里一定要有爱。有爱的地方，就是家。

矛盾箴言： 相爱的人当然可以选择执子之手，与子偕老，而不用太过在乎金钱和物质。有情饮水饱，真心相爱的人总是能够以爱的力量战胜生命中的一切磨难和坎坷。当然，巧妇难为无米之炊，如果在决定组建家庭的时候具备更丰厚的物质基础，则爱情当然会更加甜蜜，让人甘之如饴。

第七章

同窗及师生矛盾：

经师易遇人师难遇，师生相处是艺术也是技术

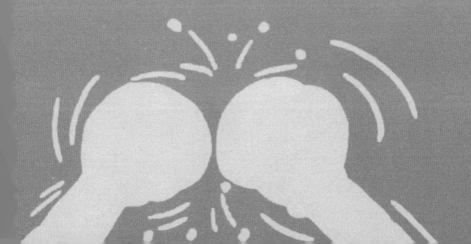

学校就像一个小小的微缩社会，麻雀虽小，五脏俱全。曾经有人说学校是象牙塔，而实际上随着时代的进步和社会的发展，学校里的环境也有了很大的改变。在学校，学生之间、师生之间相处难免会发生各种各样的矛盾，如何处理好这些矛盾，成为建设校园和谐环境的重中之重，也关系社会的稳定和发展。人际相处是一门艺术，也是一门技术，有缘分相识的人要学会相处，才能消除矛盾，建立友好的关系，一起走过人生中这段最重要的岁月。

要想友谊之树常青，就要付出真心和恒心

一个人如果没有真心相待的朋友，则注定一生孤独。

——培根

在这个世界上，人人都想要得到，却很少有人愿意主动付出。尤其是在朋友之间，付出与收获常常出现矛盾的情况，导致朋友关系变得难堪和尴尬。要想友谊之树常青，就必须真心对待朋友，也必须付出恒心，坚持以正确的方式浇灌友谊之花，这样朋友之间的情谊才会更加长久。自古以来，很多名人都非常看重友谊。法国启蒙思想家伏尔泰说，友谊是灵魂的结合，这个结合是可以离异的，这是两个敏感、正直的人之间心照不宣的契约。德国诗人吕克特说，真正的友谊无论从正反看都应该一样，不可能从前面看是蔷薇而从后面看是刺。这些都告诉我们，要想维持友谊，并不是一件容易的事情。

遗憾的是，在现实生活中，总有些朋友因为彼此之间的付出和回报不能保持平衡的关系，而反目成仇。看着昔日亲密无间的人突然间形同陌路，即使作为旁观者，也会觉得非常惋惜。人是感情动物，每个人都生活在一定的人际关系中，都常常会面临各种变化，

与其如此，不如积极调整好心态，在面对朋友的时候认真用心，也要坚持对朋友付出，这样才能以真心换取真心，以努力的付出换取更多的收获。西方有句谚语，"赠人玫瑰，手有余香"，说的就是在面对陌生人的时候，哪怕付出没有得到回报，也会收获满足和快乐，这就是付出最大的回报。我们对于陌生人尚且如此，更何况是面对朋友呢？

虽然中国自古以来就崇尚礼尚往来，但是人际关系的保持并不能只靠着绝对的公平。你结婚，朋友送给你两千礼金。等到朋友结婚，你也照样送给朋友两千礼金，实际上这就已经失去了平衡，朋友在收到你原数奉还的礼金后，心里未免会觉得有些不是滋味。当然，这是仅从绝对公平的角度而言的。如果从情谊的角度来说，哪怕你因为贫穷只能送给朋友更少的礼金，朋友也不会对你挑剔和苛责，反而会为了帮助你付出更多。这就是友情的微妙之处。还记得在《我的前半生》中，罗子君和唐晶的友谊吗？看到罗子君突然被丈夫抛弃，选择离婚，唐晶对罗子君说："没关系，没人养你，我养你。"这样骨灰级的闺蜜情谊，让我们感动。原来真正的朋友就像真心的爱人一样，可以在我们遇到危机的时候，为我们托着底，让我们感到踏实，也为拥有这样的真心朋友感到庆幸。

作为一对大学同学兼好朋友，乔敏、张静和很多同学一样，一毕业就分道扬镳了。乔敏回到家乡小县城当了一名小学老师，张静则背起行囊去了大城市打拼。几年之后，乔敏和男朋友计划结婚，想要买房，还差十万元钱。这个时候，她想起张静说过的月薪过万的话，当即拍着胸脯向男友保证："这件事情就包在我的身上吧！我和张静借，一定能借来的。"乔敏当即给张静打电话，没想到，张静对乔敏说："亲爱的，我的确有十几万的积蓄，不过你应该早点儿告诉我，我刚刚买了定期理财，要一年之后才能取出来。要不你等等，等到期了，我都给你用。"乔敏听到张静的话，嘴上说着没关系，心里却有些不快：什么好闺密，借钱用都这么困难。不想借就直接说，还说正好买了一年的理财，我怎么可能等一年再买房结婚呢！这件事情之后，在很长一段时间内，乔敏和张静的关系都很疏远，再见面也不像之前那么亲密了。

朋友之间，特别当彼此都是学生时，相处过程中极少会涉及关于金钱的问题，为此情谊非常纯粹。而随着年纪增长，大家都走上社会，对于金钱的需求越来越大，也常常会因为资金临时周转不开而相互挪借。在这种情况下，每个人对于付出和收获就会斤斤计较，也会变得更加在乎。可见，要想和朋友更好地相处，就需要更加用心，这样才能在与朋友礼尚往来的过程中加深感情。

需要注意的是，这里所说的礼尚往来，未必指的是要和朋友保持金钱与物质上的绝对平衡，如果朋友经济困难，我们就要多多帮助朋友，那么等到我们有困难的时候，相信朋友也会对我们伸出援手。这个世界上并没有绝对公平，真正的公平是根据对方的需要努力付出。当然，有的时候，也不要把我们认为好的强制给对方，而是要了解对方的需要，满足对方的需求。要想收获友谊，维持友谊，一定要多多用心，这就需要注意以下四点：

1.在有能力的情况下，一定要慷慨地帮助朋友，也许今日对朋友伸出援手，来日就会得到朋友的鼎力相助。

2.不要对朋友提出过高的要求，而是要先对朋友付出。

3.对朋友要怀有感恩之心，要知道朋友的每一次付出都能帮助我们渡过难关。

4.朋友之间，要经常保持联络，才能保持友谊之树常青。

矛盾箴言： 面对友谊和金钱的矛盾，就是要量体裁衣做事情，坚持减少给别人添麻烦的行为。否则，在礼尚往来的过程中，难免会有失去平衡的时刻，导致矛盾的产生。

同窗情谊的嬉笑怒骂都是最可贵的

友谊是沉静温和的爱，有理智作为引导，在习惯的力量下形成，扎根于彼此的志同道合，没有嫉妒，也不会恐惧。

——荷麦

近些年来，大学校园里，同学之间偶尔会发生性质极其恶劣的伤害事件，甚至危及生命。每当看到这些事件的发生，总是让人扼腕叹息，被伤害的同学人生从此陨落，而作为犯罪者的同学命运也发生了极大的转折。同窗情谊原本是人与人之间最珍贵的情谊，为何会恶化到如此严重的程度呢？在看到这些社会行为和校园现象的同时，我们不得不更加关注同学之间频繁发生的各种矛盾，以及在这些引发恶劣后果的矛盾背后所隐藏的深层次原因。

自古以来，很多文人墨客都赞美同窗情谊，称其为人世间最美好纯粹的感情。英国文艺复兴时期的哲学家、散文家培根曾说，友谊不但能使人生走出狂风骤雨的感情，从而走向阳光灿烂的晴空，而且能使人摆脱黑暗混沌的胡思乱想，从而走进光明与理性的思考。友谊是如此美好，然而，随着社会的进步和发展，孩子们的成长速度更快，心理成熟度较之前也有所提升，为此很多青春期的孩子进入高中和大学阶段，思想会更为复杂，情绪也会更加冲动。这提醒我们一定要更加关注孩子的内心世界，及时疏导孩子的负面情绪。作为孩子本身，也要认识到同窗情谊的珍贵，学会适时控制自己的不良情绪。

最近，刚刚住校的高一学生小莫频繁和同学发生矛盾。原来，小莫习惯于晚睡，每天晚上回到宿舍，其他同学都抓紧时间洗洗睡了，小莫却在熄灯之后，依然开着小小的台灯看书，或者看手机。虽然小莫已经尽量把灯光调整到最小，但还是会影响其他同学休息。室友们都对小莫提意见，希望小莫能够考虑到其他同学，小莫总是说："我已经尽量把灯光调小，不影响到你们了。"就这样，同学之间的矛盾越来越深，其他室友们联名上书给老师，要求老师把小莫调到其他宿舍去。老师在得知情况后，当即和小莫进行沟通谈话，语重心长地对小莫说："小莫，宿舍是一个小的集体，几个人一起在宿舍里生活，肯定不能只顾着自己，而是要照顾到其他室友，这样才能更好地相处。"小莫很为难："但是，我习惯了晚睡，太早睡不着。"老师告诉小莫："这就是集体生活的特点。每个人都要适当地改变自己，从而让整个集体都能协调一致。"在老师的开导下，小莫认识到其中的道理，主动调整作息时间，还在周末请室友们吃饭，针对此前打扰室友们的行为表示歉意。

老师说得很对，集体生活就是要调整好个人的生活节奏和规律，更好地融入集体之中，从而做到既满足个人的需求，也能够更好地与他人协调合作，让集体生活形式规律。唯有如此，作为独立个体的人才能融入集体之中，也才能更好地与他人相处。

每个人都是独立的，而人又是群居动物，生活于人群之中。为此，在各种各样的交际圈子中，人与人之间很容易发生各种矛盾。对于学生而言，一定要学会控制自身的情绪，主宰和驾驭自己，而不要总是被情绪驱使着做出很多冲动的举动，更不要因为一时被愤怒冲昏了头脑就做出遗憾终生的错事。

在每个人的学生时代，同学们朝夕相处，一起学习，一起生活，住在同一间宿舍里。正是因为亲密无间，所以彼此之间很容易因为生活的琐碎和各种细节，而发生各种矛盾。从本质上而言，这些矛盾并非不可调和。只要保持平静的心态，更加从容地应对这些矛盾，就能真正做到化解矛盾。让自己的内心始终保持良好的状态，宽以待人，与人友好地相处，以下四点需要引起注意。

1.心怀宽容，原谅他人，就是宽宥自己，要知道集体生活和独居是完全不同的。

2.在发生矛盾时，要第一时间解决矛盾，而不要任由矛盾积压，由量变引起质变。

3.不要怀着恶意揣测他人。很多时候，他人并不像我们想象的那么坏，只是误解蒙蔽了我们的心灵而已。

4.让自己与集体生活的节奏更合拍，才能真正融入其中；善待可爱的同学，即使彼此之间嬉笑怒骂，也只记住快乐，而忘记不愉快。

矛盾箴言：同学相处需要更加用心、真诚和友善，才能有融洽的关系，感情深厚。尤其需要注意的是，一旦融入集体生活，不可能像被父母宠爱时那样随心所欲。每个人作为独立的个体既要彰显个性也要调整自身状态，才能更好地融入集体生活之中。

师恩难忘，尊重老师不容易做到

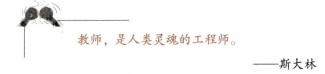

教师，是人类灵魂的工程师。

——斯大林

俗话说："一日为师，终身为父。"自古以来，尊师重教就是中华民族的传统美德。唐代文学家韩愈在《师说》中讲："师者，传道授业解惑也。"教师的职业是很崇高的，是知识的传承者，也是人才的铸就者，既要教会孩子知识，也要指引孩子的心灵。实际上，对于每一个学生而言，要想真正做到发自内心地尊重老师，在漫长的人生里始终对老师心怀感恩，并不容易做到。尤其是在学校里和老师朝夕相处，学生虽然敬畏老师，却也会和老师之间产生各种各样的矛盾。

那么，师生之间的矛盾究竟因何发生呢？主要包含以下几个因素：学生不能适应老师的教学方法；老师会特别偏心对待某些学生，而在不知不觉间忽略其他学生；对于同学之间的矛盾，老师的处理方式不能让学生感到满意；老师过于强势，学生对老师产生叛逆心理，故意和老师对着干……任何小小的风吹草动都会导致人际关系发生改变，在老师和学生之间同样如此。

我们发现，一般孩子在很小的时候都会非常崇拜和敬仰老师，但随着孩子渐渐长大，他们的独立自主意识越来越强，在合适的契机之下，他们就会对老师产生怀疑甚至是反感。在相处过程中，即使学生平时很尊重老师，在某些情况下也会对老师产生很多不满情绪，那么渐渐地他们与老师之间的和谐平衡关系就会被打破，甚至最终引发冲突，失去平衡。在这样的情况状态下，师生之间的矛盾自然就会浮出水面。

在中国的文化传统里，自古以来就讲究尊师重教，在封建社会，孩子们是在私塾里学习，老师动辄用戒尺打孩子的手心。这样的事情即使被父母知道，也不会对老师有意见，虽然这不是很好的教学方法，却充分体现出父母和孩子对于老师的尊重和对教育的重视。现代社会，提倡赏识教育、快乐教育。在学校，老师们在管教孩子的时候须讲究方式和方法，否则不恰当的教育方法就会伤害孩子稚嫩的心灵，甚至导致孩子产生各种心理问题。然而，孩子毕竟是孩子，他们很会察言观色，对于某些事情却缺乏准确的判断能力。又因为孩子处于特定的发展阶段，身心都具有相应的特点，情绪很容易激动，所以他们在与老师和同学的相处过程中，难免会有各种矛盾发生，也会因为处理方式不当，无法驾驭自身的情绪，从而导致矛盾的激化和升级。

早晨，全家人正围坐在桌边吃早餐，爸爸突然接到老师的电话。老师气鼓鼓地对爸爸说："请你教会你家的孩子如何做人，并且今天上学时要让他向我道歉！"爸爸被老师的一通话弄懵了，不明所以，正想要询问老师其中原委，老师却挂断了电话。放下电话，爸爸赶紧问孩子："你怎么得罪老师了，让老师一大早上就兴师问罪。"孩子听了脸色陡变，说："老师就是活该！"爸爸听了更疑惑了："语文老师平时不是很喜欢你的吗？还常常表扬你，你们之间到底发生了什么事情？"孩子说："老师偏心，偏向班长。昨天中午，班长说我课堂乱讲话，才警告我一遍就罚我抄写课文。老师说过，要警告三遍才罚抄课文，但是老师问清楚情况之后，还是和班长一个鼻孔出气，坚持要罚我抄写课文。我觉得，班长肯定背地里给老师送礼了，不然老师怎么这么偏心呢！我气不过，就在同学的群里骂了老师，肯定是有叛徒告诉老师了！"

爸爸听了当即严肃地批评孩子："你怎么能骂老师呢？还是在同学群里！老师就算真的做错了，你也要尊重老师，应该以正当的方式解决问题！一日为师，终身为父，你这么做简直是混账！"还没吃完早饭，爸爸就带着孩子去学校里给老师道歉，并且责令孩子写了检讨书交给老师。

孩子因为年龄因素，情绪很容易波动，平日里他们与老师的关系也许很亲近，但是一旦老师触犯到他们的利益，或者使他们觉得自己没有得到平等的对待，马上就会和老师反目成仇，也会不计后果地说出一些不尊重老师的话。如果老师能够保持理性，知道孩子是因为冲动才这么说的，就能够控制住自己。反之，如果老师本身也是一个很容易激动的人，则一定会激化矛盾。在上述事例中，老师对孩子爸爸说的话其实已经有些不讲情面了，幸好爸爸还很理性，知道尊师重教是必须的，并且也在第一时间就批评孩子，为孩子指出错误，还当即带着孩子去学校当面向老师道歉，尽量减轻这件事的负面影响。

人是感情动物，感情一旦冲动，行为举止就会失之偏颇，不能保持理性。作为孩子，要时刻牢记尊重老师的道理，而不要因为老师某些地方做得不够好，或者不能让人感到信服，就对老师各种挑剔和苛责。要知道，老师也是人，而不是神仙，老师也会犯错误，也无法保证自己始终都是对的。当孩子与老师之间发生矛盾的时候，父母如果还想让孩子接受教育，就切勿当着孩子的面指责老师。否则，当孩子对老师失去信任和尊重，在未来的学习和生活中就会面临诸多的困境无法超越。具体来说，尊重老师要做到以下五点：

1.父母要尊师重教，才能给孩子积极的榜样和示范作用。

2.父母不要当着孩子的面说老师不好，而是要让孩子更加体谅老师的辛苦，认识到教师的职业是很神圣的。

3.孩子要与老师处好关系，不要把自己放在老师的对立面，而要与老师统一战线，知道老师的目的是教好学生。

4.不要被社会上的浮躁风气所影响，静下心来踏踏实实地学习，也可以和老师一起探讨一些学术难题，从师生到朋友，做到彼此信任和相互尊重。

5.老师也要尊重学生，避免对学生采取高压政策，而要耐心地引导，让每一句话都如同春雨一样滋润孩子的心田。

矛盾箴言：尊师重教是中华民族的传统美德，如果没有老师的谆谆教诲，孩子很难长大成人成才。作为父母，要身为表率，尊重老师，这样才能为孩子树立好榜样，让孩子始终都能和老师和谐相处。

作为学生，如何面对那植入心底的伤害

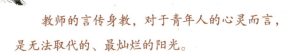

教师的言传身教，对于青年人的心灵而言，是无法取代的、最灿烂的阳光。

——乌申斯基

古往今来，有很多优秀杰出的人才，他们之所以能够为社会和人类做出伟大的贡献，就是因为他们遇到了至少一位好老师。有人说，老师是人类灵魂的工程师，对于真正重视教育也热爱学生的老师而言，这样的称呼是实至名归的。然而，每个人都是不同的，在教师队伍里，虽然每一位教师都站在三尺讲台上为学生传道授业解惑，但他们也都是独立的，也有自己的脾气秉性，因而也会呈现出不同的行事风格。

因此，那些幸运的学生遇到了更优秀的老师，人生得以开化，成长也更加顺利。也有些学生没有这样的幸运，他们遇到了不那么善良、素质稍差的老师，或者是内心粗糙的老师，采取粗鲁的方式对待他们。这种情况下，如果孩子的内心足够强大，就可以妥善应对，健康成长，而如果孩子的内心敏感且脆弱，就像是一件玻璃器皿一样不堪一击，就只会在老师的高压政策下变得郁郁寡欢，甚至一蹶不振。

很多人都喜欢读作家三毛的作品，阅读她的作品，我们可以跟随着她去遥远广袤的撒哈拉沙漠，跟她一起和荷西谈恋爱，也会在荷西去世的时候痛彻心扉，对她失去了继续活下去的勇气感同身受。这样的骨灰级三毛迷，一定知道三毛在成为作家之前，曾经有过一段特别痛苦的成长经历，甚至几次三番想要自杀。三毛的心理疾病为何如此严重呢？这是因为她的性格从小就很敏感，也很脆弱，还很倔强。小学阶段，三毛的学习成绩非常好，各学科的表现都很突出。到了初中，三毛在文科方面表现强势，而在数学方面却表现出很大的劣势，每次数学考试，三毛的成绩都很糟糕。

不过，三毛终究很聪明。她认真研究数学试卷，发现老师每次考试都是从书本上的习题中抽取题目。她当即发挥超强记忆力，把那些考试过程中有可能遇到的题目全都背诵下来，结果接连几次在数学考试中都获得了一百分的好成绩。数学老师感到很奇怪，不知道那个一遇到数学考试就表现很糟糕的女孩儿，如何成功逆袭获得满分。为了证明三毛在数学学习方面的确没有天赋，数学老师特意为三毛准备了一张数学试卷，要求三毛完成。可想而知，三毛对于数学老师精心准备的这张数学试卷束手无策，几乎一道题都不会做。数学老师得意极了，他用毛笔蘸满墨汁，把三毛的眼眶涂成黑色的，还写了一张带有侮辱性的字条贴在三毛的身上，让三毛在学校里巡游。那一刻，三毛的心碎裂成片。此后的七年时间里，三毛患上了严重的自闭症，不但辍学，而且还把自己锁在房间里，不愿意与外界发生任何接触。

老师对于学生的影响有多大？三毛的反应固然极端，但也充分告诉我们，老师对学生的所作所为会严重影响学生的一生。也有一些喜欢三毛的粉丝们说，三毛正是因为有了这样的经历，才会写出那么多优秀的作品。在这个世界上，很多事情之间都有着千丝万缕的联系，不可否认的一点是，老师的过激对待和错误教育，让三毛长期沉浸在痛苦的情绪之中无法自拔。

对于身处学生时代的孩子而言，每天除了和父母朝夕相处，就是和老师学习知识与做人的道理。有些孩子很懂事，也非常喜欢和尊重老师，那么老师的言行举止和对他们的态度，就会给予他们更深远的影响。作为老师，要处理好和学生之间的矛盾，就要时刻牢记学生的内心是非常敏感且脆弱的，而且学生们其实也是非常信任和依赖老师的。当然，作为学生，为了更好地处理与老师之间的矛盾，也要端正态度处理好师生关系。很多学生会迷信老师，把老师看成不食人间烟火的神仙，对于老师的一切举动都非常重视，牢牢记在心里。其实，这是没有必要的。不管是老师还是学生，都是普普通通的人，都会犯错误。只有正确认知彼此之间的关系，给予对方更多的理解、宽容和支持，师生矛盾才会减少，师生关系也才会和谐融洽。

作为学生，当与老师之间发生矛盾的时候，何不主动把这根刺拔掉呢？作为老师，也要意识到自己对学生的重要影响力，以及在学生成长过程中不可替代的作用，这样才能端正态度，以更合理的方式引导和教育学生，陪伴学生健康快乐地成长。要想做到这一点，需要老师、学生和家长三方面的努力。

1.老师也是人，不是神仙，在教育孩子的时候要时时保持反思，而不要误以为自己的言行都是正确的。

2.作为学生，要接纳和包容老师，知道老师也会受到情绪的影响，而不能始终都很理性睿智；要学会自我修复，对于内心的创伤，何不主动抚平呢？

3.父母更像是师生之间的协调者，尤其是在师生发生矛盾的时候，父母的所言所行将会对孩子产生重要的影响。父母一定要慎重处理师生矛盾，也要用心做好对孩子的引导和教育。

矛盾箴言：并不是所有的老师都能给予学生阳光，因为各种各样的原因，老师与学生之间也有可能发生矛盾。如何处理好师生之间的矛盾，是老师需要慎重思考和理性解决的，学生也要认识到老师也是普通人，要对老师更加宽容和理解。

同窗之间，来而不往非礼也

生活离不开友谊，要想真正获得友谊很难。我们要用忠诚去播下友谊的种子，用热情去浇灌友谊的幼苗，用原则去培养友谊的花朵。

——奥斯特洛夫斯基

在这个世界上，总有些人特别喜欢从别人那里获取帮助，而在别人的帮助下实现自身的目标之后，他们非但不感激别人，反而还会对别人寄予更大的期望，甚至还会要求别人继续无偿地帮助他。虽然很多时候我们帮助别人并不求回报，但是发自内心地说，我们在主动付出之后，一定也期望得到他人的认可，至少也期望得到他人口头上的感谢。如果连这样最基本的感谢都没有，反而因为没有提供更多的帮助而被对方诟病为不够意思，没有拼尽全力去帮忙，这种感觉当然是很糟糕的，也是为我们所深恶痛绝的。

在这世上，除了父母会无私地照顾年幼的孩子之外，人与人之间并没有必然的义务关系存在。俗话说，帮忙是人情，不帮忙是本分，说的就是这个道理。人人都想毫不费力就得到自己渴望的一切，却忘记了这个世界上并没有天上掉馅儿饼的好事情，也没有一蹴而就的成功，更没有不需要付出就能得到的收获。既然如此，我们就要端正心态，对于他人的慷慨帮助，一定要真诚地感谢。哪怕得到父母的馈赠和帮助，也不要觉得父母的付出是理所当然的，而是要怀有感恩之心。

从人际相处的角度而言，就算是亲如父母子女，也有缘深缘浅，也是需要用心相处，才能拉近关系，加深感情的。更何况是同窗情谊呢？校园里的友谊固然简单纯粹，但是同样要遵循基本的人际相处原则，要做到礼尚往来，而不要来而不往。同学之间要想友谊之树常青，就要让他人在付出之后得到感恩回馈，也让自己改变奢求无度的坏习惯，主动付出。

也有一些人在衡量他人的帮助时，很少会考虑到他人的帮助给自己带来了多大的好处，而总是纠结于对方是否会提供帮助，是否会尽力。其实，不管对方是在以怎样的姿态帮助我们，轻松也好，拼尽全力也好，只要切实帮助了我们，对我们产生助力，我们就要心怀感激。常言道，双方都好，才能相处好。如果一方是活雷锋，一方却是白眼狼，那么就无法始终保持友好的关系。

在现实的相处过程中，因为缺乏感恩之心，友情常常会受到负面的影响。

刘峰和张飞是大学同学，也是非常要好的朋友。刘峰家在城市，父母都有不错的工作，是典型的中产阶级家庭。刘峰从小就过着衣食无忧的生活，从来没有感受到生活的艰难。张飞却来自农村，他的父母都是面朝黄土背朝天的农民。张飞家里很困难，就连日常吃饭都成问题。看着张飞经常啃着从家里带的冷馒头，吃着咸菜，刘峰常常会多打一份菜，和张飞一起吃。

一开始，张飞还会推辞，即便接受了刘峰的邀请，和刘峰分享饭菜，张飞也会不停地说感谢的话。然而，日久天长，张飞渐渐习惯了刘峰的馈赠，也把和刘峰分享饭菜当成理所当然。有一次，正值端午节，张飞从家里带了很多妈妈手工包的农家土灶煮的粽子，分给同学们吃。正巧那一天，刘峰有事情请了一天假，没有到校。张飞和同学们就把粽子吃光了，没有留给刘峰。次日，刘峰来到学校，得知张飞带了粽子，就赶紧高高兴兴去找张飞讨要。刘峰认为张飞一定会给他留粽子，没想到张飞一脸茫然地说："粽子都吃光了。"刘峰失望极了，渐渐地，他和张飞疏远了。

刘峰难道很在乎是否吃到粽子吗？其实不然。刘峰并不是真的想吃粽子，而是他认为自己一直以来都慷慨无私地帮助张飞，而张飞在难得带好吃的来学校时，一定会第一时间想到自己。遗憾的是，张飞没有想到应该给刘峰留下香甜可口的粽子，这让刘峰感到非常失落，也由此认为自己在张飞心中的地位并不像自己想的那么重要。正因为如此，刘峰才会渐渐疏远张飞，从本质上而言，刘峰只是让自己对张飞的亲密更加适度而已。

俗话说："千里送鹅毛，礼轻情意重。"中国有着悠久的文明和历史，向来主张礼尚往来。对于刘峰而言，他对张飞是真诚付出的，而张飞却从未想到刘峰始终在慷慨地帮助他。平日里，家庭经济困难的张飞没有条件回馈刘峰，而在有机会的情况下，他却完全把刘峰忘记了，这当然会让刘峰感到很失落。如果张飞能够给刘峰留下几个粽子，相信他们的关系会更加亲密，友谊也会更加深厚。

可见，任何人际关系都需要努力经营和用心维护，才能获得更进一步的发展。如果人际关系变成剃头挑子———一头热，那么无论如何也不会收获丰硕的果实。感恩的人知道彼此回报，知道相互感谢，关系一定越来越好。而不知感恩的人，就只会不断地索取和奢求，渐渐地就会把友谊消耗殆尽，让友谊无以为继。要想解决同窗之间因为贪婪和不知足而引起的矛盾，就要常怀感恩之心，牢记他人的付出，抓住各种机会尽量回报他人，而不要索求无度。要想建立与同学的良好关系，维持同学情谊，我们要做到如下三点：

1.主动对同学付出，而不要一味地索取，没有谁愿意始终付出。既然如此，我们就要成为主动付出的人。

2.牢记礼尚往来的原则，哪怕是在关系亲近的人之间，礼节上的有来有往也是很重要的。

3.有能力的情况下，尽量慷慨地回报他人；没有能力的情况下，就要尽己所能地回报他人。

矛盾箴言：在人生中，同窗情谊是最真诚纯粹的友谊。然而，同学之间的关系也属于普通人际关系的一种，因而同窗相处也要遵循人际交往的原则。事实上，没有人愿意始终对他人无私付出，当然，回报的方式也是多种多样的。不论采取哪种方式，对于慷慨相助的同窗，我们都要投桃报李，心怀感恩。

第八章
职场矛盾：
职场冲突是因为没有找到
"利益最大公约数"

同事不是同学也不是朋友，而是你想不到的微妙同行者。

　　在时代发展迅速的今天，社会正处于飞速的变革之中，每个人都承受着巨大的生存压力。要想为自己赢得一席之地，要想让自己出类拔萃，我们就必须努力拼搏，不懈坚持。尤其是在职场上，人才济济，同事之中更是卧虎藏龙，要想和同事们展开良性的竞争，获得长足的进步和发展，我们就更要处理好和同事的关系，解决好与同事之间的各种矛盾，这样才能与同事在工作中彼此促进，相互提携，一起成长。

摆正位置，才能更好地与同事相处

生活不是林黛玉，不会因为忧伤而风情万种。

——郭敬明

同事关系虽然属于普通人际关系的一种，实际上却非常微妙且特殊。同事之间既要携手并肩相互合作，也要展开竞争你追我赶。很多职场老鸟告诫新人不要和同事做朋友，正是因为同事关系瞬息万变，非常微妙且敏感，所以才要与同事保持适度的距离。俗话说，凡事皆有度，过犹不及，对于同事而言，关系过于亲近或者过于疏远，都是不合时宜的，都会给同事相处带来很多的麻烦和弊端。

同事之间，最好的关系就是合作关系。同事们为了共同的目标一起奋斗，在相处的过程中彼此提携、彼此促进。当同事成为朋友，原本因为利益而处于敌对的关系，也会和谐统一。为此我们要学会把自己的力量和同事的力量融合起来，让自己变得更加强大。遗憾的是，在现实的职场上，很多人因为无法与同事处理好关系，就把同事当成敌人对待，这样一来不但彼此不够和谐融洽，还会因为各种利益之争反目成仇，使得职业发展受到限制和阻碍。

毫无疑问，当一个职场人在和谐的同事关系中成长，并且能够把同事的力量为自己所用，他们的前途必然锦绣光明。反之，当一个职场人在充满矛盾的同事关系中成长，而且总是和同事针锋相对，同事关系紧张，那么则必然身处泥淖，举步维艰。面对同事之间的矛盾，我们只能想方设法去解决，而不能逃避。宜信公司创始人唐宁说，在职场上从来不需要眼泪，世界从来只会因为我们的笑容而灿烂。那么，我们为何不把笑容带给同事，而总是要与同事愁眉苦脸相对呢！

　　小梦毕业后刚刚进入职场，因为年轻气盛，血气方刚，难免和同事之间爆发各种或大或小的争执和矛盾。有一次，有个老同事和小梦在同一个项目组工作，因为项目没有取得预期的结果，老同事和小梦一起被上司批评。老同事当面不敢反驳上司，背地里却撺掇小梦，让小梦对上司传递不满信息。最终，小梦和上司之间爆发了激烈的冲突。事后，小梦才反思过来自己被老同事当枪使，还替人顶锅了。小梦吃一堑，长一智，并没有因此和老同事反目成仇，而只是记在心里，日后再和老同事相处时，对于工作之外的事情总是不置一言，多留个心眼儿。

　　后来，小梦得到晋升，成为公司的中层管理者，那位居心叵测的老同事成了她的下属。换作一个心胸狭隘的人，一定会借此机会给老同事穿小鞋，报当年的一箭之仇。然而，小梦并没有这么做，反而对老同事加以重用，让老同事负责他所擅长的项目。老同事如鱼得水，把工作做得风生水起。后来，老同事主动对小梦表忠心："您可真是年轻有为，后来居上，我一定会跟着您好好干！"

　　对于小梦而言，在晋升之初处于羽翼未丰、根基不稳的状态，如果这个时候迫不及待对老同事展开打击报复，那么一定会和老同事闹得彼此不合，相处也不会愉快，说不定老同事还会利用多年来的人际关系和小梦展开殊死搏斗呢！这样两败俱伤的局面，对职场新人小梦而言当然是最不利的，也是最不愿意看到的。当然，小梦情商很高，非常聪明，不管是面对曾经的同事，还是如今的下属，小梦都采取宽容的态度。尤其是在得到晋升之后，她非但没有打击报复老同事，反而以德报怨，给老同事更好的机会，让老同事做他最擅长的事情。这样一来，老同事对小梦忠心耿耿，也愿意为小梦所用。

正如一句名言说的，这个世界上没有永远的敌人，只有永恒的利益。对于职场上的同事而言，更是要以共同的目标作为拼搏进取的领航灯，从而让自己始终都能够不忘初心，砥砺前行。要想解决同事矛盾需要注意以下三点：

1.要与同事搞好关系，和谐相处，既要以博大的胸怀包容同事，也要时时反省自己；

2.面对同事曾经对自己造成的伤害，要设身处地地为同事着想，知道同事也是有苦衷的，而且要学会忘记伤害，团结同事，借助同事的力量成就自己的事业；

3.要广泛交朋友，与不同性格、不同气质的人在一起相处，秉承求同存异的原则，让自己的事业道路越走越宽。

矛盾箴言： 明智的职场人，以彼此之间的相互合作和提携，聚集更多的力量，让自己和团队一起成长。糊涂的职场人，会进行离间之术，让自己和其他同事渐渐疏远，离心离德，无形中也就架空了自己，使自己势单力薄，不堪一击。

伯乐与千里马，没那么容易相遇

老当益壮，宁移白首之心？穷且益坚，不坠青云之志。

——王勃

现实生活中，很多人常常怨声载道，觉得自己明明有着满腹才华，却始终得不到施展的机会。难道真的是因为他们生不逢时，所以才会落魄沮丧吗？为此，有人抱怨自己为何没有生在乱世之中，因为时势造英雄，在他们心中，生在乱世就一定能成为英雄。其实不然，这种想法是完全错误的。一个人如果真的有理想、有志向，生在和平的年代里，也可以激励自己不断地努力奋进，获得快速的成长和伟大的成就。反之，一个人如果总是心胸狭隘，对于人生不但没有长远规划，也没有计划，那么他们不管生在什么样的年代里，都不可能取得伟大的成就。

俗话说："千里马常有，而伯乐不常有。"这就告诉我们，一个人要想得到他人的认可和赏识，只是一味地等待是根本不可行的。真正有才华的人，会努力让自己脱颖而出，这样一来，才有更多的机会被他人看到，也才有更大的可能使英雄得到用武之地。

不管在哪个年代，伯乐与千里马之间都没有那么容易相遇。所以，每一个自诩有才华的人，一定要学会推销自己。一方面是伟大的理想和志向，即我们期望自己能够出人头地的心愿；一方面却是残酷的现实，即我们哪怕非常勤奋努力也无法崭露头角的绝望和无助。在成长的道路上，每个人都会面临这样的矛盾，要想解决这个矛盾，就要振奋精神，激发潜能，想方设法让自己变得更加强大，这样才能勇敢地面对不尽如人意的现实，也卓有成效地活出独属于自己的精彩。漫画家肖乾旭说过，有些事情不是因为难以做到才失去信心，而是因为失去信心才无法做到。任何时候，我们都要心怀希望，坚持不懈，才能做到最好。

一直以来，小马都觉得自己与众不同，他认为自己很有才华，只是因为没有好运气得到机会，所以时至今日依然默默无闻。面对小马平淡的现状，妻子期望小马更加积极主动去开拓自己的事业，对此小马总是漫不经心地说："没关系，时机还没到呢！只要时机一到，我一定如同大鹏展翅一样高飞！"妻子很为小马整日的白日做梦而担忧，毕竟日子总是要脚踏实地地去过，只靠着眼高手低是不可能有所收获的。后来，小马所在的公司进行内部竞聘，小马兴致勃勃地参加了，然而，他乘兴而去，失望而归，根本没有通过竞聘，只能留在原来的岗位上工作。小马对负责面试的领导抱怨不已，说领导根本就不知道谁是真正的人才。

事实上，一个人要想得到他人的赏识，必须在平日里就锋芒毕露，能够展现出自己与众不同的才华。一个人如果根本没有独特的才华，就想得到他人的赏识，这是根本不可能的。

现实中，怀才不遇和求才不得，始终是应聘者和招聘者都要面对的矛盾局面。如今，越来越多的应聘者想要找到合适的工作，也有越来越多的招聘者想要找到符合用人要求的人才，如何协调这个矛盾，不但是个人需要面对的问题，也是企业和社会需要面对的问题。正如人们常说的，怀才就像怀孕一样，日子久了，总是能看出来的。既然如此，我们就要时刻积累并展现自己的才华，才能在关键的机会里证明自己的真实能力和水平。

作为求职者，要想让自己尽快遇到千里马，可以采取以下三步走策略：

1.是金子一定会发光，不要总是抱怨领导不识英才，而是先要确定自己是否真的是人才，是否有能够让领导赏识的地方。

2.确定自己是人才之后，接下来就要展示自己，抓住各种机会"怀才有遇"，没有机会也要创造机会让自己得以展示，这样才能吸引他人的眼球，得到他人的认可和赏识。

3.有机会得到自己梦想的职位之后，一定要拼尽全力去展示，要用实力为自己代言，从而在合适的平台上百尺竿头，更上一层楼。在如今的社会上，机会有很多，我们不要等着机会来敲门，而是要尽力抓住机会，也要努力创造机会，这样才能让人生有更多的可能性。

矛盾箴言：不要再抱怨自己没有得到赏识，何不像毛遂一样，在想冒出头来的时候，把自己放到布袋子里呢？任何时候，奢望自己无所作为就能得到赏识是根本不可能实现的。我们只有尽情展示自己的才华，在必要的时候崭露头角，才能作为真正的千里马最终与伯乐相遇。

老好人，接受 or 拒绝

懒惰像生锈一样，比操劳更加消耗身体；
经常使用的钥匙，总是熠熠闪光。

——富兰克林

职场上有很多老好人，凡事不懂得拒绝，活得很累，付出很多，最终却好人缘尽失，落得一身埋怨。也许有很多朋友会感到纳闷儿："既然老好人那么受人欢迎，为何还会落得这么被动呢？"的确，我们平时信奉"好心有好报，付出越多收获越多"，其实不然。在职场上，很多定律都会发生改变，如果一个人不懂得职场之道，也不知道如何与同事相处，就很有可能付出了很多，但是最终非但没有落得好处，反而会落下埋怨。这样的结局，显然是每一位职场人都不愿意看到的。

老好人难做，那么，到底什么样的人才是老好人呢？其实所谓的老好人，就是不分青红皂白对别人好的人，他们做好事没有原则，当被其他同事以各种理由求助时，他们会毫不迟疑地伸出援手。殊不知，当人们把别人的好当成习惯，一旦得不到这种好就会心生抱怨，这也正是为何老好人总是落埋怨的原因。

现如今，职场更是一个萝卜一个坑，每个人都有自己的工作需要做，所以没有任何人可以一直帮助别人。如果因为帮助别人而耽误自己的正常工作，这根本就是本末倒置；一个人如果一直帮助别人，有一天突然不能继续提供这种帮助，则往往使得别人心中不快。俗话说，救急不救穷，就是这个道理。在职场上，要帮助那些真正需要帮助的人，例如，有突发情况无法完成既定任务的同事，有特别情况导致工作失误的同事，而不要帮助那些懒惰懈怠的同事。不可否认，人在职场上，总会有些人因为急着约会，甚至因为不想劳神费力等原因，把工作丢给老好人去做。对于这样的人，我们一定要拒绝，而不要惯着对方，使他们养成对工作更加漫不经心的坏习惯。

有人说，父母的溺爱是对孩子最大的害。中国著名的桥梁专家茅以升说，人的大脑和肢体一样，多用则灵活，不用则废弃。在职场上，如果老好人始终无条件地帮助那些懒惰懈怠的同事，从某种意义上来说也正是害了这些同事。事实上，只有在不断工作的过程中，人的能力才能获得持续的发展，变得越来越强。而如果始终无所作为，则能力非但不会进步，还会持续退步，这对于一个职场人而言当然是非常糟糕的。此外，现如今的职场都讲求团队作战，作为团队的成员之一，如果你总是对团队工作疏忽懈怠，凡事请别人代劳，那么整个团队的力量就会被削弱。

那么，作为老好人，如何既能体面地拒绝他人的求助，又依然能与同事保持良好的关系呢？很明显，这是个矛盾。

马博作为办公室最受欢迎的老好人，最近这段时间越来越感到自己进退两难了。从前几年大学毕业进入公司之后，马博就以好人缘获得了同事们的认可，但是，要想收获这种好人缘，也是要付出代价的。对于同事们的各种请求，马博总是毫不犹豫地接受和予以满足。例如，同事下班之后要约会，马博就会代替同事加班；同事觉得累了，马博就会帮助同事分担工作；同事只是不擅长某份工作，马博也会主动请缨，自告奋勇……渐渐地，马博成为办公室里人缘最好的人，但是问题也由此产生：马博甚至没有时间完成自己的分内之事，他总是会被各种事情缠住，因此在老板心中，马博成了一个工作效率很低的人。

马博意识到，虽然好人缘很重要，但是决定他能否升职加薪的人是老板。马博知道自己必须完成分内的工作，才能得到老板的认可和好感。有一天傍晚，又有个同事以工作太难为由向马博求助，马博以自己的工作还没有完成为由拒绝了，这个同事竟然在后来的一个星期里都对马博不理不睬。马博很矛盾，一方面要拒绝同事，一方面又要保持和同事的关系，为此马博想了一些借口：例如，上司着急要我手里的工作；我的父母来了，必须早些下班等。看到马博的理由非常充分，同事们尽管心中不快，却无法再强求马博帮忙了。

从上面的案例中我们不难看出，如果此时此刻你还不是职场里的老好人，那么就一定不要当老好人，哪怕要帮助同事，也要把握好合理的限度，这样才能避免变成滥好人。如果你已经成为老好人，那么你就必然面临着和马博一样的矛盾，是继续毫无原则地帮助同事，还是干脆拒绝同事，从而做好自己的分内工作？如果你选择的是后者，要想在拒绝的同时，依然和同事保持良好的关系，那么你一定要掌握恰当的方式和方法，这样才能在和同事的相处过程中，融洽关系，加深感情。

在我们周围也存在着这样一些老好人，他们很看重面子，常常因为不好意思拒绝他人，而无奈地接受他人的请求。殊不知，一次两次为了面子委屈和为难自己，日久天长，就会变成理所当然。那么，如何决定是否帮助同事呢？

1.要准确识别同事的需求，看同事是真的需要帮助，还是想要偷懒。当然，这样的甄别并没有一定的标准，而是需要我们去感受和判断。

2.对于那些真的需要帮助的同事，我们当然要慷慨地伸出援手。一个人即使能力再强，也不可能是全能的，每个人都有需要他人帮助的时候，今天我们帮助了他人，明天我们很有可能需要他人的帮助。对于那些投机取巧想要偷懒的同事，我们一定要狠下心来严词拒绝，否则一旦帮助成为"理所当然"，再想拒绝就会很难了。

3.拒绝他人的时候，一定要讲究方式和方法，毕竟大家都是同事，每天朝夕相处，有的时候还需要在工作上相互配合。哪怕面对同事的不情之请，在拒绝的时候也要讲究方式和方法，既要达到拒绝的目的，也要保护同事的颜面，这才是明智的选择。

矛盾箴言：如果你今天因为心太软、不好意思而不能拒绝同事，那么未来同事就会对你更加张得开嘴、下得去手。人际关系总是要保持一种平衡才能持久，很多时候这种平衡并非掌握在他人手中，而是掌握在我们自己手中。

友谊第一，竞争第二

> 越是竞争激烈，越是需要调整心态，还要
> 调整与他人的关系。
>
> ——于丹

如果说各行各业的同事之间都存在竞争关系，那么销售行业里的竞争关系就是最明显的。在销售行业里，大多数从业人员都是根据自己的销售业绩赚钱的。有的公司有微薄的底薪，有的公司没有，目的就是激励销售人员八仙过海，各显神通，把个人能力最强化，把个人价值最大化，把对公司的贡献无限化。这样一来，不仅导致同行业的人之间有竞争关系，就算是在一家公司里的同事，也要相互竞争，才能把自己的业绩做得更好。

除了销售行业里的同事之间存在竞争关系外，在其他行业，同事之间为了得到晋升机会，或者获得其他非常难得的好机会，也常常会进行竞争。同事之间的竞争关系不同于普通的竞争关系，因为在竞争的大背景之下，同事之间为了在工作上做出成绩，为了获得更快速的进步，还需要相互配合，才能团结一切可以团结的力量，让工作更上一层楼。从这两个方面来说，要想在工作中展开良性竞争，就要坚持友谊第一，竞争第二，否则为了竞争伤了和气，导致矛盾产生，就得不偿失了。

不可否认，在很多时候，眼前的利益的确是很吸引人的。这就导致有些职场人眼光不够长远，鼠目寸光，只要看到有利益在眼前，就一定要不择手段去抓住。殊不知，得失之间是可以相互转化的，有时得到就是失去，有时失去就是得到，我们一定要平衡好自己的内心，才能在面对矛盾、需要抉择时，做出正确的选择。古罗马著名的斯多葛学派哲学家爱比克泰德说，在顺境中交朋友轻而易举，在逆境中交朋友难于登天。正是告诉我们既要渴望得到真朋友，也要努力做真朋友。

小张和小王是大学同学，毕业后机缘巧合，同时进入一家公司工作。他们都有着远大的理想和抱负，都想趁着年轻出人头地，闯出一片天地。转眼之间，三年过去了，小张和小王在工作方面都突飞猛进，获得了很大的进步，也做出了一些成绩。就在此时，他们的主管获得升职，为此小张和小王都跃跃欲试，想要竞争成为新主管。最重要的是，公司也的确有高层透露出风声，说要在部门内部选拔新主管。部门里有二三十个人，其中不乏经验丰富的老员工，为此小张和小王的竞争压力还是挺大的。他们都很重视这次机会，最终在七八个人里过五关斩六将，脱颖而出。最终，领导决定要在小张和小王之中确定一个人作为新主管。这时，突然传出风声，说小王在大学期间考试作弊，人品有污点。小王当然知道这是捕风捉影，也猜测出谣言的来源。他不动声色，把自己的大学成绩单都发送给领导过目。领导对于小王在大学里一贯出色的表现非常满意，反而对小张的人品产生了怀疑。

为了在竞争中获胜，小张不择手段，表现出恶劣的人品，搬起石头砸了自己的脚，非但没有阻碍小王晋升，反而被领导识破居心，最终导致与晋升无缘。在职场上，这样的争名夺利并不少见，作为职场人，要想升职加薪，除了要有真才实学之外，还要有竞争的意识，这样才能和同事展开公平竞争。尤其需要注意的是，竞争要坚持原则，而不要不择手段。所谓君子爱财，取之有道，我们要想从诸多的同事中脱颖而出，就要以实力为自己代言，而不要在竞争的同时搞些歪门邪道。只有从正规渠道获胜，才是最让人敬佩的，也才是有能力的表现。

还需要注意的是，我们在面对同事竞争与同事情谊的矛盾时，要坚持"友谊第一，竞争第二"的原则，但是这并不意味着我们要主动放弃竞争，放弃为自己争取既得的利益，而是要有策略地为自己争取利益，该争取的就要争取，不该争取的也不要强求。这样才能始终保持平和的心态，也才能在很多利益斗争的关键时刻，不忘初心，保持本心。

在职场中消除竞争与友谊之间的矛盾，要摆正心态，坚持良性竞争需要注意以下三点：

1.要坚持"友谊第一，竞争第二"的原则，切勿使用不正当的竞争手段，伤害同事。俗话说，世界上没有不透风的墙，对于我们做过的事情，别人早晚都是要知道的。这不但是对彼此关系的伤害，也会让他人对于我们的人品产生怀疑，可谓得不偿失。

2.上司在选拔人才的时候，会有一些考核的标准，与其把心思用在歪门邪道上，不如把心思用在正道上，努力做到更好，让自己具有更多的竞争资本。只有通过正当竞争，我们才会得到想要的收获。

3.职场上总是有很多的机会，我们要时刻做好准备。有很多人平日里工作过程中总是非常懈怠，不愿意努力，对于分内的工作尚且采取敷衍了事的态度，对于分外的工作更是不愿意做。其实，每个人的表现都会被领导看在眼里，记在心里，与其等到机会到来再仓促努力，不如把功夫用在平时，这样才能稳、准、狠地抓住机会，表现自己，也成就自己。不可否认，每一个职场人士都想开创出自己的事业，有更加出类拔萃的表现，但是要端正心态，而不要误入歧途，陷入歪门邪道之中，否则只会导致自己失去主动的先机，陷入被动之中。

矛盾箴言：人人都想出类拔萃，最大限度实现自身的价值。尤其是在竞争日益激烈的现代职场上，每个人都要面对残酷和激烈的竞争。然而，我们与竞争者的关系是友好比赛，而不是像面对敌人一样要与对方拼个你死我活。职场的情势瞬息万变，也许前一刻是敌人，后一刻就成为同一个战壕的战友，甚至是利益相关的共同体，所以我们无论何时都要友好竞争，正当得利。

不卑不亢，以实力为自己代言

伟大的事业根源于坚韧不断地工作，全身心投入去做好事情，绝不畏惧艰苦。

——罗素

在公司中，作为下属，在和上司相处的时候，你会采取怎样的态度呢？很多下属对于上司采取谦恭的态度，这是没错的，但是切勿对上司阿谀奉承。除非那人本身就是善于阿谀奉承的人，他们无视自己的尊严，才能刻意逢迎和讨好上司，但他们的这种表现也会让周围很多的人都觉得很难堪。其实，人在职场，要想获得更好的成长和发展，最重要的不是对上司溜须拍马，而是要做到不卑不亢，以实力为自己代言，也以实力赢得上司的认可和欣赏。

在现实的职场上，偏偏有很多人曲意逢迎上司，也总是为了拍上司的马屁而做出许多违心之举。这么做也许暂时可以得到上司的喜欢，但是日久天长，如果不能以真实的能力水平证明自己，那么最终只会失去上司的信任和尊重，也无法让自己有更好的成长和发展。

伟大的爱国主义、民主主义、国际主义和共产主义战士，二十世纪最伟大的女性之一宋庆龄说，知识是要通过刻苦劳动获得的，任何成就都是通过刻苦劳动获得的。人在职场，最终要以实力立身，这样才能为发展奠定良好的基础。毕竟，工作是要靠着实力的，而不是靠着嘴巴上说几句好话就能达到目的。对很多职场新人而言，到底是不卑不亢还是阿谀奉承，很多人都会产生矛盾，一则他们看到身边有人因为对上司溜须拍马而获得好处；二则他们内心又想坚持自己，忠于自己的本心。在这样的状态中，他们距离自己的理想日渐遥远，也不知道要如何做才能为自己赢得一席之地，获得长久的进步和发展。

最近，艾伦发现办公室里的很多人都在巴结新上任的主管，艾伦对此不屑一顾，暗暗想道：似乎那些人认为靠着阿谀奉承，就能得到领导认可，我才不那样干。但是才过去几天，艾伦就发现新上司的确很吃这一套，那些对新上司溜须拍马的人都和上司关系熟络，也得到了上司的信任和任用。艾伦不由得感到困惑：那些奉承新上司的人都没有什么真才实学，为何新上司对他们这么器重呢？艾伦心中愤愤不平，却又不能和上司理论，也不能说出来。艾伦很矛盾，她不知道自己应该何去何从。

艾伦的这种状态在职场上很常见，虽然很多上司都说自己清正廉洁，不需要别人戴高帽，但现实情况却是，没有人能够拒绝高帽。人都有趋利避害的本能，都希望自己能被他人认可和接纳，而不希望自己被他人否定和排斥。尤其是新上司，更是希望自己新官上任，能够得到下属的欢迎。实际上，艾伦可以采取一种中庸的态度，即对新上司不卑不亢，同时努力认真工作。相信新上司一定能够看到每个下属的工作成果，知道谁才是真正值得信任和重用的人。

对于职场人而言，有一点我们要认识到，即每一位上司都希望下属能够做出更大的贡献，为团队建设付出一份力量。所谓水涨船高，只有整个团队建设得更好，集体有更大的成就，上司作为领导者才更能体现其价值，也才能够以卓越的工作表现获得老总的认可和赞赏。作为职场人，当然要和上司始终保持统一战线，心往一处想，劲儿往一处使。当然，努力归努力，却不要总是对上司处处逢迎。一个人要想在职场上有资本，能够站稳脚跟，真才实学和能力水平才是关键。

尤其是年轻的职场人士，因为在职场上的根基很浅，也有些应届大学毕业生是刚刚进入职场，要想拼实力，只靠着一纸文凭是远远不够的，还要努力提升自己，让自己有真才实学。具体而言，要做到以下三点：

1.初入职场，工作固然忙碌，还是可以挤出一些时间用以学习。很多大学生在走出大学校园时踌躇满志，觉得自己一定可以大有作为，当真正进入职场，却发现在大学里学到的东西根本不够用，也不足以成为自己的资本。这时，只感慨"书到用时方恨少"是远远不够的，而要当机立断，充实自我，学习一些必要的技能。

2.要多多向经验丰富的老同事学习。人在职场，只有知识还远远不够，还要有经验。然而，经验一则要靠自己亲身经历才能积累，二则要靠老前辈的口耳相传和倾心相授。机灵的职场新人深谙其中的道理，会主动与老同事交好，也积极向老同事学习，从而快速提升自我。

3.阿谀奉承或者溜须拍马，虽然能够暂时得到上司的好感，但是要想在职场上站稳脚跟，归根结底还是要靠实力。对于上司，我们要不卑不亢表示尊重，然后凭着实力崛起。

矛盾箴言：没有人可以靠着溜须拍马在职场上混得很好。当然，这不是说要与上司交恶，而是要对上司不卑不亢、毕恭毕敬，与此同时还要表现出真实的能力和水平。

巧妙应对说不得、碰不得的新生代下属

人的一生有可能腐朽，也有可能燃烧，我不想腐朽，只想熊熊燃烧。

——奥斯特洛夫斯基

事实上，下属发愁不知道如何与上司相处，上司也同样发愁不知道如何与下属建立更好的关系。作为上司，他们当然希望自己的团队兵强马壮，有更多的人才可以用，能够做出更大的成就。然而，想要聘用人才并不是一件简单容易的事情，而要想留住优秀的人才更是难上加难。当没有得力的干将可以用，上司就要招贤纳士。如今，很多大学毕业生从小就娇生惯养，进入大学又觉得自己是天之骄子，毕业后根本无法适应残酷的职场。面对上司的指点和批评，往往一个不乐意就选择走人，丝毫不愿意委屈自己。

对于这样的新生代下属，作为上司真的很尴尬，往往说也不是，不说也不是。在这样的矛盾状态中，如何选择，才能既达到教育下属的目的，又能够挽留下属呢？不得不说，其中度的拿捏和把握是很重要的。一旦过度，就会导致下属恼羞成怒，愤而辞职；如果力度不够，则又会如同隔靴搔痒，使下属对于上司所说的话根本不放在心上。

作为上司，如果对于自己的口才实在没有把握，不妨采取杀鸡儆猴的方式，这样一来既杀掉了鸡又能让猴有所收敛，可谓一举两得。看到这里，也许很多当上司的人都会不以为然：走就走呗，我再继续招聘。这么说的上司一定陷入了误区，即觉得自己只要勤于招聘就能碰到合适的人选。其实不然。真正的人才并非天生的，而是在工作中不断地提升自己，才能增强能力和水平。明智的上司会注重培养和提升下属的能力，让下属得到发展，获得快速的成长，而不是始终期望遇到优秀的人才，因为这个便宜是不好捡的。

陆军作为一家销售公司的主管，手下带着十几个组员，他们组成了销售部门的作战小组之一。有段时间，陆军手底下兵强马壮，都是在大学生毕业季招聘来的，这群新下属精神饱满，冲劲十足。然而，才过去几个月，销售小组的很多年轻人就陆续离开了陆军。对此，陆军如丈二和尚——摸不着头脑，他对上司说："这些人都不知道怎么了，只想赚钱，不想付出，才来了几个月就吃不了苦离开了。"上司看着陆军迷惘的样子，说："你应该分析一下原因，否则你的团队就会变成培训学校，总是前脚培养人，后脚人就都走了。这根本不是长远之计。"陆军接受上司的建议，对仅剩的几个下属进行调查。他这才发现下属都对他声色俱厉的工作方式很有意见，尤其是有时陆军说起话来丝毫不留情面，让这些从小娇生惯养的年轻人无法忍受。陆军嘴上说着"如果连这点儿委屈都受不了，就不要干销售"，心里却暗暗想道：原来是这个原因，看来我以后必须管住嘴，不能随心所欲想说什么就说什么了。

随着陆军不断地改变自己，下属对于陆军的印象大为好转。有的时候，陆军对某个下属的表现有意见，也会根据对方的脾气秉性选择批评的方法，旁敲侧击，不会再像原来那样不讲究方式和方法地蛮干了。

19世纪，俄国批判现实主义作家屠格涅夫说："你想成为幸福的人吗？首先要学会吃苦。"遗憾的是，新一代的年轻人很少懂得这个道理，他们大多数都是独生子女，从小习惯了被父母捧在手心里，即使在走入社会、走上工作岗位之后，他们也很难一下子改掉原来娇滴滴的坏习惯，而常常会把公子病、公主病带到工作中，导致动辄要辞职，动辄要放弃。当这些年轻人的上司的确难度很大，一定要讲究方法和策略，才能事半功倍。

现代社会上确实存在一种非常奇怪的现象，那就是用人单位找不到合适的人才，而作为新毕业的大学生又处处求职，苦于找不到让自己满意的工作。究其根本，一个很重要的原因就是大学生眼高手低，自以为能力超群，实际上连简单的工作都做不好，才会出现这种奇怪状况，引发各种矛盾。此外，作为用人单位，对于聘用人才一定要有正确的态度，不要觉得自己能捡到大便宜，碰到出类拔萃的人才，而是要有耐心培养人才。尤其是对于刚毕业的大学生，一定要讲究策略，追求管理的效果，而不要因为不恰当的管理方式导致人才流失。

作为管理者，对于招募人才要有深刻的认知，尤其是在带人的过程中，对于新生代下属要采取适宜的方式和方法去管理。

1.要了解新生代下属的性格特点和心理状态，知道他们在成长过程中没有承受太大的压力，也不曾吃过太多的苦头。

2.要知道并没有那么多伯乐都有好运气，很容易就遇到千里马，其实带人的过程更是对人的调教、引导和帮助。真正高明的管理者知道如何引导下属不断地成长和发展，成为合格且优秀的人才，符合公司的需要。

3.要知道管理者和下属之间是相互配合与彼此成就的关系，作为管理者固然要在下属面前树立威信，却不要总是表现出一副高高在上的姿态，让下属无法接受。如今，职场上更注重团队作战，唯有打造优秀的团队，才能创造更大的成就。

矛盾箴言：每个公司的管理者都在抱怨难以找到合适的人才，实际上很多人才也在抱怨碰不到合心意的工作。即便上司有缘和下属相逢，缘深缘浅也未可知。作为管理者，上司必须学会和这些新生代员工沟通与交流，才能最大限度地提升员工的能力，激发员工的无限潜能。

面对下属的加薪请求，不妨给他戴高帽

> 拒绝别人一定要委婉，因为没有人喜欢被拒绝；被别人拒绝一定要大度，因为拒绝你的人总有理由。
>
> ——汪国真

作为上司，除了因为批评方式不恰当会导致人才流失之外，还与员工之间横亘着一个天然的矛盾，那就是员工总是想要升职加薪，或者即便升职不成，薪水能涨一些也是好的。但是作为上司，一则想要留住有用的员工，二则又因为公司规定、节约成本等方面的原因，必然会拒绝下属的加薪请求。然而，一旦员工的加薪请求不能得到满足，他们对于公司还能一如既往地付出吗？他们对上司还能一如既往地忠心耿耿吗？

可见，上司在拒绝下属的加薪请求时，除了要阐述公司的困难和自己的难处外，也要采取合适的方式让下属的心态保持平衡，这样下属才不至于因为被拒绝加薪而恼羞成怒，也才能继续脚踏实地地以良好的心态应对工作。

那么，如何做才能让下属在加薪请求被拒绝之后，也依然心平气和地继续工作呢？有的上司会对下属说明公司面临的困难，有的上司会直截了当告诉下属他的工作就值这么多钱，也有的上司会直接表现出一副想走就走的姿态。这些都不是积极的处理和解决问题的方法，很容易让下属觉得自己的努力没有得到应有的回报，而且还没有得到认可，为此觉得心灰意懒，不愿意再为公司效力。英国著名作家塞·巴特勒说，赞美是美德的影子。作为上司，要掌握赞美的艺术，这样才能学会拒绝下属加薪请求的技巧。

不可否认，拒绝加薪和留人两者之间的矛盾，是需要上司认真思考和权衡的，否则一句话说得不到位，就会导致才流失，同事缘尽。在日常生活中，很多人都害怕拒绝他人，或者因为抹不开面子，或者害怕伤了感情。作为上司在拒绝下属时，因为上司的职位比较高，所以更不要对下属随意颐指气使，而是应该保持谦虚低调的态度。在必要的时候，应该认可下属的工作能力和表现，也说明自己很清楚下属一直以来的贡献。在给下属戴高帽之后，再去拒绝下属，就能够避免下属产生被上司嫌弃、自己可有可无的想法。

马斯洛需求层次理论告诉我们，每个人除了有基本的生理需求之外，还会有高层次的需求需要得到满足，例如精神的需求、感情的需求和自我价值实现的需求。既然不能给下属物质上的奖励，那么作为上司就一定不要吝啬，在语言上对下属更加慷慨，认可下属的付出和努力，激励下属持之以恒。这样一来，既拒绝了下属加薪的请求，也带着下属一起憧憬美好的未来，让下属的内心充满希望。唯有如此，下属才会更加努力奋进，保持着饱满的工作动力。

在如今的时代里生存，人人都渴望自己能够活得更好，获得更大的成功。不管是上司还是下属，在这个方面的美好愿望是统一的。既然如此，就要同心同德，这样才能驾驶着同一条战船乘风破浪驶向彼岸。尤其是在现代职场，竞争非常激烈，一方面是用人单位在抢夺人才资源，另一方面是人才都挤破了脑袋想要进入好的平台。在双向选择的过程中，唯有彼此都觉得合适，才能让问题得到圆满的解决。当然，要想实现这个目的，上司和下属就要共同努力，彼此磨合，融洽相处，形成强强联手的超强团队。

面对下属的加薪请求，作为上司具体要怎么做呢？

1. 理解下属加薪的请求。有些上司一旦看到下属要求加薪，马上就会对下属有意见，其实作为上司要知道下属需要生存，有加薪的请求也说明下属想要上进。

2. 如果是在大公司，有相应的规章制度，则可以详细解释给下属听。如果是在小公司，上司就是老板，那么既可以酌情给下属加薪，也可以拒绝。在拒绝的时候，一定要讲究方法，要认可下属的付出和对公司的贡献，给予下属适当的期许。

3. 上司要和下属一起憧憬未来。"画饼充饥"虽然是个贬义词，但是在管理过程中，却会起到很好的效果，能够让下属看到未来的美好，也能充满干劲儿继续努力。优秀的上司不会生硬地拒绝下属的加薪请求，而是会变着方法引导下属、激励下属，这样才能在薪水面前与下属相处融洽，也能让下属干劲儿十足。

矛盾箴言：好上司绝不仅仅是挑剔下属，而是会成就下属。他们不仅仅是下属的监工，还是下属的造就者。记住，没有谁天生就有很强大的能力，每个人都要在后天的成长中积累经验，增长见识，这样才能越来越强大。

第九章

社群矛盾：

人人都有圈子，但圈子却是

矛盾聚集地

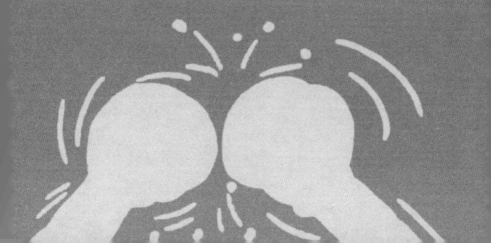

人是群居动物，每个人都要在人群中生活，才能更好地融入人群，实现自身的价值，为团体贡献出独属于自己的一份力量。从这个角度而言，每个人不但要学会独处，更要学会与人相处，这样才能建立良好的社会关系，融入社会，创造自己的社会价值，让自己为社会发展贡献一份力量。

每个人都是人群中的一分子

对于人类而言，最大的幸福就是每天都能谈论道德，否则生活就会失去灵魂，人就会失去生活的价值。

——苏格拉底

每个人都是独特的、与众不同的，也都希望自己能够出类拔萃，有更加出色的表现。然而，在追求独特的同时，每个人还是社会的一分子，是社会成员之一，所以必须要把自己融入社会之中，才能实现自身的社会价值。

某哲学家曾经说过这样一句话：每个人都是孤独的旅行者，在生命的旅程中孤独地来，孤独地去，孤独地相守。英国小说家约翰·高尔斯华绥认为，人感受到的震动各不相同，有的是在脊椎骨上，有的是在神经上，有的是在道德感受上，而最为强烈持久的是在个人尊严上。生活中，每个人都各不相同，每个人都渴望获得更多的关注与爱，也希望能够维持自己的尊严。然而孤独才是生命的本质。我们既要守住内心的孤独和清贫，也要积极地和更多的人相处，这样才能不断地拓宽人际交往的圈子，让自己在人群之中如鱼得水，游刃有余。

现实生活中，很多人都善于交际，他们不管是与熟悉的人在一起，还是与陌生的人在一起，总是能够谈笑风生。而有些人则恰恰相反，哪怕是面对熟人，他们也会很被动，他们甚至恐惧陌生人，不知道如何面对陌生人，更不知道如何与陌生人交谈。然而，事实上每个人不都是由陌生到熟悉的吗？父母子女之间，如果孩子降临人世时会说话，只怕也会和爸爸妈妈说一声：初来乍到，请多关照。作为父母，确切地说作为妈妈，尽管经历了十月怀胎，在见到新生儿的那一刹那，却也会觉得很陌生、很新奇，甚至不敢触摸柔软的婴儿。当然，有血缘关系作为基础，父母子女之间很快就会熟悉起来。相比之下，没有血缘关系的陌生人，要想彼此靠近，相互了解，确实会有更大的难度。

　　在我们周围，熟悉的人之间因为关系亲密，所以时常会因为很多琐碎的小事产生矛盾。与陌生人相处，因为缺乏了解，往往会在很多重要的方面产生不可调和的矛盾，也会因为初次见面缺乏了解而导致相处矛盾。对于每一种矛盾，都要有针对性地想办法去解决，而不要面对矛盾觉得无助和绝望，最终任由矛盾恶化，导致矛盾不可调和。其实不管什么矛盾，只要当事人积极想办法消除或者缓解，就总能找到解决办法。

　　周末，晓菁带着妈妈和孩子一起乘坐公交车，准备去动物园玩。也许因为是高峰期，人很多，晓菁抱着孩子，妈妈跟在后面，按照顺序排队上车。这时有个拖着大包的女孩儿穿着高跟鞋挤到妈妈的前面插队，一下踩到了妈妈的脚面上。妈妈当即疼得叫起来，晓菁立即质问那个女孩儿："你怎么回事？插队还踩到人了。"那个女孩儿却不以为意地说："对不起，我不小心的。"晓菁看着那女孩细细的鞋跟，不由得担心起妈妈的脚有没有受伤，又看到女孩儿这样漫不经心的态度，气不打一处来："一句对不起就可以了吗？你插队已经是错了，你那细高的鞋跟踩到了老人的脚面，一句对不起就完事了吗？"女孩儿自知理亏，只好说："我是来进货的，太着急了，实在抱歉！"晓菁问妈妈："妈妈，你走一下，看看骨头疼不疼！"然后晓菁又对女孩儿说，"如果我妈妈骨头有问题，咱们就去医院。你穿着高跟鞋还不老老实实排队，踩到老人，有点儿什么事情，你必须负责！"女孩儿明显不耐烦了，说："我都说了对不起，你还要怎么样？"晓菁说："你说了对不起，并不代表你就不需要承担责任了。我会检查一下我妈妈的脚，如果骨头有问题，你必须要负责任！"

在这个社会上，总有些人缺乏公德心，非常自私，不管做什么，心里只有自己，只想按照自己的需要去安排各种事情，而丝毫不会顾及他人的感受。即使在伤害他人利益的情况下，也不会觉得内疚。这样的矛盾发生在与陌生人之间，又要如何处理和解决呢？

事实上，一般人在面对与陌生人之间的矛盾时常常会感到手足无措，因为我们并不了解陌生人，也不知道怎样与陌生人沟通。一旦矛盾发生，我们就会惊慌失措，也会感到非常被动。实际上，不管是与陌生人相处，还是与熟人相处，我们都需要更加遵从自己的内心，也要本着真诚友善的原则对待他人。唯有如此奠定良好的相处基调，我们才能与陌生人从熟悉到了解，也才能与陌生人一起敞开心扉善待彼此。

1.真诚是人际相处的基础，尊重是人际相处的前提。唯有在真诚对待他人和尊重他人的基础上，我们才能与他人建立联系。

2.面对陌生人，不要总是带着防范心理，世界上虽然有很多坏人，但是也有很多好人，何不让自己放松一些呢？

3.不管是有心还是无意伤害了他人，都要在第一时间真诚地道歉，然后再承担起自己应该承担的责任。

矛盾箴言：不管和谁相处，我们都要本着真诚、友善的原则处理好各种矛盾，这样才能赢得他人的谅解和尊重，才能让棘手的问题得到圆满的解决。

一言不合引发的矛盾不容小觑

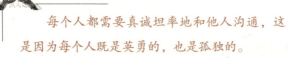

每个人都需要真诚坦率地和他人沟通，这是因为每个人既是英勇的，也是孤独的。

——海明威

2018 年 10 月 28 日，重庆万州长江二桥上发生了一起诡异的事故，一辆 22 路公交车毫无预兆地急速左转冲破大桥栏杆，坠入长江，车上的十几名乘客和司机无一生还。事件发生后，网民们马上展开了激烈的讨论，有人觉得这次事件是因为一辆逆行的小轿车闯入车道导致的，有人觉得这次事件是因为有人劫持了公交车，也有人觉得可能是公交车的操控系统失灵导致的……人人都有揣测，悲痛的阴云笼罩在大家的心里。后来通过调查大桥上的监控，人们发现是公交车突然拐弯驶入对面车道，逆向而行，与对面车道上的轿车相撞，而并非小轿车逆行。这让真相更加扑朔迷离，人们想不明白，一辆正常行驶的公交车为何在大桥上会突然拐弯，冲破护栏坠入江底呢？

随着客车黑匣子的破译，真相渐渐浮出水面。原来因为道路施工，公交车改道，司机通过车上广播进行了提醒，而一位女性乘客坐过了站，她便走到司机身边抱怨和指责司机。看得出来，司机也没有选择忍气吞声，而是一边开车一边和女乘客争吵。结果女乘客更加火冒三丈，居然拿着手机击打司机的头。司机的右手松开方向盘，与女乘客对打。几秒钟之后，公交车司机一个转弯，公交车冲到对向车道上，沉重的车身在高速行驶中，产生巨大的冲击力量，冲破了护栏，坠入了江底。

事后的调查显示，这名公交车司机并没有明显的心理疾病或者精神异常，坐过站的女乘客也只是和往常一样要去窗帘店上班而已。然而，如今他们谁也回不了家了，受此牵连的还有十几个无辜的乘客。这起事件给人带来的警醒是深刻的，甚至在全社会都引发了深入的探讨和深刻的反思。仅仅因为坐过了一站地就从此失去了漫长美好的一生，相信在理智的状态下，谁都不会做出这样的选择。不管是女乘客还是公交车司机，在事发的时候如果能够控制好自己的情绪，就不会把一件原本很小的事情，变成这样的恶性事件。

从重庆公交车坠江事件，我们可以看出很多矛盾都是可大可小的。而决定矛盾如何发展和变化的，有外部的因素，也有我们自身内部因素——情绪。如果女乘客知道自己是因为忽略了广播才坐过站，心平气和地在下一站下车，那么这趟公交车就会和平时并无两样。如果司机哪怕被女乘客责怪，也始终努力控制情绪，心平气和，不管发生任何状况都握紧方向盘，那么这起恶性事件也就不会发生。就在大多数人都在为无辜的乘客惋惜和哀叹的时候，也有人指出：这件事情的发生和乘客的无动于衷也有联系。如果在女乘客胡搅蛮缠、对司机动手的时候，乘客们能够劝说女乘客，或者指出女乘客的行为失当，女乘客可能会有所收敛，不会肆意妄为，司机也会因为有乘客们的支持，而不会意气用事。最终，多方面的综合因素，导致公交车坠江的恶果。不得不说，这样的结果是惨烈的，是生命无法承受之痛。

在重庆公交车坠江事件发生之后，全国很多城市的公交车都加装了护栏，把司机和乘客隔开，让司机有一个相对安全的驾驶环境。很多公交车公司也马上对司机进行心理干预和疏导，有些公交车公司还给司机设立了委屈奖，目的就是帮助司机平衡内心，理性对待那些胡搅蛮缠的乘客。即便如此，在重庆公交车坠江事件发生后没多久，全国各个地方又发生了好几起乘客因坐过站而和公交车司机争吵、打架的恶性事件。让我们欣慰的是，在一起乘客和司机争吵，并且试图去抢夺司机方向盘的事件中，有一名乘客飞起一脚，把这个胡搅蛮缠的乘客踹得远远的。我们暂且不讨论该乘客的行为是否适宜，但是至少我们看到了在同样的悲剧又有苗头的时候，就被及时制止了。相信未来，会有更多乘客在看到司机被干扰时，选择主动挺身而出，保护司机的驾驶安全，而不再做无动于衷的看客。

在这个世界上，很多人、很多事看似彼此之间毫无关系，实际上却有很大的关联。就像有科学家提出的蝴蝶效应一样，大洋彼岸的一只蝴蝶扇动翅膀，会导致大洋此岸刮起龙卷风。很多人可能觉得这是耸人听闻，其实这是经过科学家验证的，完全有可能实现的。既然作为社会的一员，在置身于各种矛盾的旋涡中时，不管是作为当事人还是作为旁观者，也不管面对的是不值一提的小矛盾还是不可调和的大矛盾，都不要掉以轻心，而要始终认真慎重地对待，切勿再让同样的悲剧发生。印度诗人泰戈尔说，要使好与坏调和，是一件最难的事情——可是在世界上，我们发现好与坏总是在一起，悲伤与欢乐总是在一起，善良和邪恶同样在一起。如何面对这个纷繁复杂的世界，是我们每个人都要用心思考的。以下四点需要引起我们的注意：

1.明哲保身并不能让我们真的超然事外，如果我们误以为是可以的，那只能说明我们还没有意识到各种事情之间千丝万缕的联系。

2.善待他人就是善待自己，帮助他人也是帮助自己。

3.好言好语地与人沟通，也许就可以化解即将发生的危机，转化我们与他人之间剑拔弩张的关系。

4.语言是思想的外衣，你说出来的话，最能代表你的真心和品质。

矛盾箴言：人和人相处，很容易因为一言不合就引发矛盾，在这种情况下，不要任由情绪占据上风，越是内心波澜起伏，越是要有效地平复心情，调整好心态，这样才能始终保持冷静和理性，也才能最终经过缜密的思考解决问题。要知道，心一转念，整个人生都有可能颠覆。因此，我们每个人都要做到慎思慎行，这才是对自己和世界负责的态度。

控制好自己，才不会成为危险的路怒症

有效的沟通在于沟通者要充分掌握议题，而并非在于沟通者一定要措辞甜美。

——葛洛夫

2018 年 4 月 11 日，东北林业大学的教师马超去机场接父亲。因为担心父亲没有穿厚衣服，他特意带着衣服早早地从家里出发赶去机场，生怕父亲下飞机后会着凉。路上，有一辆车想要强行超车时，马超没有选择避让，这让想要超车的车主很气愤，他于是加速试图别马超的车，但马超躲过去了。后来，他们停下车发生了口角，马超向对方解释说要去飞机场接父亲，天气太冷，父亲做过心脏支架，身体不好，他为了早点赶到，所以刚才才没有选择避让。结果对方却大打出手，在这种情况下，马超还是和对方极力地讲道理："我就算没有避让你，你也不能打人啊，而且你强行超车本来就是不对的！"看到对方一副不讲理的架势，马超不想再说更多，转身想要回到车上，没想到对方一记重拳打在他的颈部后方，就是这一拳直接导致了马超高位截瘫。

原本正要进行博士论文答辩的马超，不得不延后答辩，经过 5

个月的生死边缘徘徊，如今马超只有眼睛和嘴巴能动。不过令人敬佩的是，2019 年 1 月，马超在轮椅上完成了他的博士论文答辩。

近些年来，随着汽车的大量普及，道路的拥堵越来越严重。很多司机在马路上驾车行驶非常霸道，想超车就超车，想拐弯就拐弯，想并道的时候甚至漂移接连并好几条车道。不得不说，这种人开车的素质是非常低的。

作为司机，不但要保证自己把车开好，符合道路规范行车，还要注意防范那些开车不守规矩的人。只有两方面兼顾，才能把车开好，保证安全。在生活中，很多司机在道路拥堵或发生交通事故时，路怒症便爆发了。有的司机会疯狂地按喇叭，有的司机会马上下车和对方理论，也有的会攻击对方。这些疯狂的行为让路怒症的后遗症越来越严重，轻则负伤，重则丧命，给很多家庭都带来了沉重且致命的打击。

如果有心理专家对路怒症患者进行过专门的深入调查，一定会发现这些路怒症患者本身心理就很脆弱，情绪也很偏激。反之，一个态度谦和、有耐心、情绪稳定的人，哪怕面对道路拥堵，也不会突然间歇斯底里地爆发。因此，要想缓解路怒症状，减少路怒症引起的各种不愉快，每个司机都要提升自己的心理素养和对情绪的掌控力，这样才能在情况超出可控范围的时候，至少能掌控好自身的情绪，控制好事态的发展。

正如一位名人所说的，每个人最大的敌人就是自己。其实从心理学的角度而言，很多矛盾都不是必然发生的，而是因为人的情绪变化才导致的。当我们可以主宰和驾驭自己，掌控自己的情绪，管理和控制好自己，我们就能够在矛盾发生之前告诫自己要冷静理智，从而把矛盾消灭在萌芽状态中，防患于未然。

毋庸置疑，我们每个人开车行驶在或畅通或拥堵的道路上，目的都是平安回家，或者去到自己想去的地方。当情绪爆发，路怒症无法控制的时候，我们瞬间忘却了自己最初的目的，压根儿不知道自己努力辛苦地做好这一切到底是为了什么。有心理学家研究发现，愤怒会使人的智商瞬间降低，理性全无，这正解释了路怒症为何总是歇斯底里、不顾后果的原因。在漫长的人生中，我们常常会面临各种不如意，其中道路拥堵也是一种，但是我们不能因为道路拥堵就迁怒于无辜的同行者或陌生人，而是要更加理性地和同行者一起调整好心态，快乐同行。当我们成功战胜情绪，梳理好情绪，对于身边发生的一切，不仅仅限于道路的情况，我们都会更容易接受，也会从中感受到更多的快乐、知足。

1.不忘初心，方得始终。当心因为各种原因而迷失、慌乱的时候，不要忘记自己的本心，那就像是一盏明灯，可以始终指引我们的前行之路。

2.控制自己的情绪，不要成为情绪的奴隶，也不要因为情绪的驱使就做出冲动的、让自己懊悔的事情。

3.汽车的速度很快，因而当手握方向盘的时候，一定要保持理性。有的时候，这不但关系到自己的生命，也关系到他人的生命。

矛盾箴言： 情绪是会传染的，不但会在人与人之间传染，也会在不同的事情之间传染。当我们控制好情绪，战胜路怒症，会发现在堵车的时候听听音乐也是很好的选择。人们常说，要与人为善，与己为善，这个世界会随着我们的心态和情绪的改变而改变。

网络发达下的速成塑料情谊

人世间最美好的事情，就是拥有几个性格耿直、品行端正的朋友。

——爱因斯坦

随着社会的发展，时代的进步，网络从最初的小众使用状态发展到今日，已经非常普及。网络的普遍使用，使人和人交往的模式发生了变化，原本人们需要面对面才能进行交流，而如今在网络的背后，人们通过微信、QQ 等聊天工具进行交流，也会在各种网络聊天室、论坛里进行交流。对于网络的假面，人们有不同的见解。有人觉得在网络的遮掩下，人们反而可以更真诚地吐露心声，因为真实的身份被隐匿了。基于这样的想法，很多人都先通过网络来坦诚相见，等到形成一定的信任再选择见面，成为朋友，或者异性之间展开网恋。殊不知，人心并不都是光明磊落的，有很多人居心叵测，在网络的隐匿下，反而会带着不可告人的秘密和他人相处。不得不说，这是非常糟糕的，导致社会问题频现。

网络就像是一把双刃剑，既会给人际交往带来很多的便利，例如原本熟悉的人可以通过网络进行交流，彼此思念的亲人也可以通过网络进行视频聊天，一解思念之苦；而那些有着歹意的人，则会以网络作为自己的面具，用甜言蜜语和他人展开不真实的沟通，导致他人误解，受到伤害。

俗话说"路遥知马力，日久见人心"，这告诉我们人与人之间要想充分了解，需要经过漫长时间的相处。尽管如今有很多东西都进入速成时代，就像方便面一样只需要开水短暂冲泡即可，但是我们依然要内心笃定，才能坚定不移地做好自己，也才能在人际相处的过程中沉下心来，让关系经过岁月的沉淀，历久弥新。

近几年来，网络诈骗甚至伤害事件时有发生，这就更给我们敲响了警钟，告诫我们一定不要因为迷信网络而忘却安全。当然，这也并不意味着网络是一个非常黑暗的世界，我们要意识到在网络的掩饰下，很多坏人更容易得逞。只有具备火眼金睛，不轻易相信网络上的陌生人，我们才能实现自己想要结交有缘人的愿望，否则带给自己的就只有伤害和无奈。

最近，在工厂打工的小红通过"摇一摇"认识了一个住在附近的陌生男人。他们一见如故，相谈甚欢。男人每天晚上都会和小红聊天儿，对小红嘘寒问暖，让小红在紧张忙碌疲惫的工作之余，内心感受到温暖和悸动。相处了一段时间，男人提出向小红借钱，并且说自己可以借助这个机会赚取很多钱，买汽车送给小红。小红的眼前出现了男人英俊帅气的容貌，为此毫不犹豫地把自己辛苦积攒了几年的五万元钱微信转账给男人。渐渐地，男人主动联系小红的次数越来越少，小红每次联系男人，男人都以自己忙于开创事业为由安抚小红。小红觉得不对劲儿，想要和男人见面，有一天给男人发微信的时候，发现自己被男人拉黑了。小红这才慌了神，赶紧去派出所报警，警察听完小红讲述事情的原委之后，对小红说："你被骗了钱还算幸运，有些女孩儿搞网恋，玩摇一摇、漂流瓶，连人都被骗了。"警察和小红取证，小红一个劲儿地问警察能否把这笔钱追回来，警察说："我们会尽力挽回你的损失，但是你必须从这件事情中吸取教训，不要轻易相信一个没见过面的人，否则未来还免不了要上当受骗。"

小红的确付出了真心，然而，很多事情并不能够让人如愿以偿，尤其是当一个人以真心对待全然未知的陌生人，则更是非常愚蠢的。每个人不要轻易对于网络托付真心，不妨只把网络作为一个便捷的沟通工具使用，这样才能发挥网络的强大功能，为我们改善生活的品质，提升沟通效率。

防止网络诈骗，我们要注意做到以下三点：

1.不贪便宜，严加防范。事实上，很多人上当受骗都是因为自己有占便宜想法，如果摆正心态，就不会轻易上当了。

2.不轻易在网上透露个人照片、家人照片、身份证号、银行账号等。特别是金钱往来一定要电话沟通后再做决定，这样，骗子也就没有什么机会对你下手了。

3.当陌生人对你提出先付款的要求时，要格外警惕，一定要电话或见面沟通其真实性，切勿轻易相信对方并转款。这一步往往也是骗子的最终目的，只要你能及时识破，自然也就不会落入其陷阱中了。

矛盾箴言：想要识别网络的真心与假意，并不是一件容易的事情。在现实的残酷和理想的浪漫之间，我们要相信自己的眼睛，遵从自己心的指引。

救急不救穷，是人际相处的根本原则

生命的多少用时间计算，生命的价值用贡献计算。

——裴多菲

记得小时候，老师总是号召我们要学习雷锋助人为乐，学习赖宁保护国家和人民群众生命与财产安全的精神。然而，当我们长大了，我们发现这个世界上需要帮助的人实在太多，我们既没有那么多的时间和精力去做好每一件事情，也没有那么多的财力、物力去帮助每一个人。在这种情况下，我们如何以有限的力量帮助更多值得帮助的人呢？

看到"值得"二字，也许有朋友会感到困惑：帮人还分值不值得吗？的确，就算我们和股神巴菲特一样拥有雄厚的财力，我们也依然需要选择帮助那些值得帮助的人。那么，什么是值得帮助的人？具体而言，如果一个人非常懒惰，面对生活的艰难，从来都不愿意发挥自身的力量努力去拼搏和争取，那么，这样的人就是不值得帮助的，因为他明明有能力去改变现状，却总是不愿意尝试。反之，如果一个人平日里就很努力，却因为造化弄人导致暂时陷入困境之中，但是他们依旧毫不气馁，继续不遗余力奋发向上，那么他们就是值得帮助的。这与俗话说的"救急不救穷"恰恰不谋而合。

当陷入帮与不帮的矛盾之中时，我们一定要坚持救急的原则，给那些突然在人生中陷入困厄的人以更多的帮助。而对于那些不思进取、破罐子破摔的人，他们本身已经放弃了自我救赎，我们又何必多此一举去打破他们"平静"的生活呢？法国伟大的思想家、哲学家、教育家卢梭说过，"在道德教育方面，只有一条既适合孩子，又适合各种年龄的人的重要原则，那就是绝不损害别人。哪怕是为了帮助别人，也不能违反这个原则，否则就是虚伪的、矛盾的、伪善的"。什么是损害他人呢？如果为了帮助他人而助长了他人的惰性，那么我们就是在损害他人。这与救急不救穷的原则有着异曲同工之妙。

日常生活中，我们与朋友相处，也要坚持这个原则，帮助真正值得帮助的朋友，而不要让自己同情心泛滥，好心被贱卖，总是把更多的力量浪费在毫无意义的人和事情上。对于每个人而言，时间和精力都是有限的，我们要把宝贵的生命用于做更有意义和价值的事情。

最近这一年，杨洋似乎被爸爸妈妈完全遗忘了。这是因为他大学毕业之后不思进取，找工作总是挑三拣四，既想获得更高的报酬，又不愿意付出任何努力，最终只能落得在家里啃老的下场。爸爸妈妈的退休金很少，根本不够杨洋挥霍的。在杨洋的拖累下，爸爸妈妈就连微薄的积蓄都花光了。但是，杨洋始终没有出去工作的打算，一切都毫无起色。后来，爸爸妈妈意识到这样下去不是办法，在明智者的劝说下，终于决定结束对杨洋的物质供给，逼着杨洋必须走出家门去工作。当然，妈妈也很心疼杨洋，每当看到妈妈动摇的时候，爸爸就会质问妈妈："你能养他一辈子吗？现在不让他努力去挣钱，将来有一天他非得变成乞丐不可。"在爸爸的劝说和坚持下，妈妈一次又一次狠心拒绝了杨洋的求助，说："你有手有脚，也有文凭和能力，肯定能养活自己的！"就这样，杨洋被逼无奈，只好先找了个最基本的工作，从社区保安开始做起，吃苦受累却不能停止努力。渐渐地，他变得越来越勤奋，也认识到生活的真相。

每个人要想在这个世界上更好地生存，也许小时候可以依靠父母的照顾和帮助，但是随着年纪的增长，如果在已经成年之后还是啃老，那么他们就会变得越来越懈怠，也就根本不可能以积极的态度面对人生、驾驭人生。

在上面的案例中，在是否给孩子帮助的矛盾心态中，即使是原本为了孩子毫无保留付出的父母，面对懒惰的、懈怠的、自暴自弃的孩子，也必须谨慎思考，这样才能认识到如何做才是真正帮助孩子，如何做才是真的对孩子好。否则，父母的溺爱最终会害了孩子，而作为热心人的帮助也会助长他人的懒惰懈怠和无所作为。那么，如何才能坚持"救急不救穷"的原则，与他人更好地相处呢？

1.擦亮眼睛，用心去思考，判断他人的实际情况是属于"急"还是属于"穷"，从而再做下一步的打算。

2.帮助他人要讲究方式和方法，古人云，授人以鱼不如授人以渔，只是给他人物质上的帮助并不能解决他人的根本问题，只有在思想上引导他人，帮助他人转变，让他人更加自强，才能彻底解决问题。

3.父母爱孩子是无私的，毫无保留，但是不要让溺爱害了孩子。父母越早把孩子看成强者，孩子就能够越早地成为强者。

矛盾箴言： 很多时候，帮与不帮并非由我们的能力所决定的，而是由对方是否值得我们帮助决定的。任何人都不可能完全依靠他人的帮助度过一生，只有自救的人才能得到真正的救赎，也只有自强不息的人才能得到他人的慷慨相助。

扶 or 不扶，私心 or 良心

人只有献身于社会，才能找出短暂且充满风险的生命具有的深远意义。

——爱因斯坦

有一段时间，社会上出现了一种热烈的讨论：对于摔倒的人，尤其是老人，到底是扶还是不扶？在这样的矛盾心态中，有的人为了明哲保身，不愿意伸出援手。在很长一段时间里，很多父母都告诫孩子不要盲目学雷锋，小心被人诬陷。但也有人希望能够坚持做好自己，无愧于自己的良心，坚持"该出手时就出手"，绝不对那些需要帮助的陌生人无动于衷。

那么，在如今的社会上到底有没有做好事反而被诬陷的事情存在呢？答案是肯定。那么，有没有一些人真的做了错事，为了逃避责任，偏偏说自己是乐于助人的呢？答案也是肯定的。这些矛盾既是客观存在的，以社会现象为基础发生，也以人心作为最大的不确定因素，表现出扑朔迷离的样子。然而，人毕竟是感情动物，面对一个倒地的老人，在扶还是不扶之间，在私心和良心之间，很多人都在犹豫和徘徊。面对这样的矛盾，如果外界的支持不能让我们感受到内心的坚定与从容，那么我们需要做的就是坚定不移地遵从内心的指引，做好自己。

选择扶还是不扶，选择私心还是良心，在这样进退两难的矛盾中，我们需要更加坚定内心的选择，这样才能找到人生的方向。大文豪高尔基说，凡是与虚伪相矛盾的东西都是极其重要而且有价值的。很多时候，我们太过于看重外界的评价和论断，而忽略了自己内心的声音。殊不知，外界的评价和判断固然重要，遵从内心的指引，坚守内心，也是非常重要的。任何时候，我们都要全力以赴做到最好，也要无所畏惧努力前行。

在一家企业里，老总针对这个棘手问题，对公司全体员工发布通告：现在是冬天，道路上经常有积雪和冰冻，如果看到有老人跌倒，请把他们扶起来；即使是最终意外被讹，公司也会作为员工最后的保障，给予员工法律和金钱上的援助，不会让员工因为做好事而受委屈。有了老总的支持，这家极具社会责任感的企业中，很多员工都能够对意外遭遇危难的人伸出援手，极大地弘扬了社会正气，给社会带来了正能量。

那么作为普通人，如果我们背后没有这样的企业和老总给予支持，难道我们就要违心地见死不救吗？当然不是。

从本质上而言，这个社会上还是好人多，任何时候，我们都不要因为人性偶然表现出来的恶，而对社会失去希望和信心。换个角度而言，有的时候，我们也需要得到他人的帮助和支持。唯有在他人需要的时候积极伸出援手，在我们需要的时候，他人才会慷慨地帮助我们。要想让世界充满爱，每个人都要从自己做起，才能营造更好的社会环境，也看到人性的希望和光辉。

1.爱是一根接力棒，我们付出的爱未必会再回报到我们身上，却一定会给这个世界上的某些人带去温暖。

2.有些事情，明知道有可能会伤害自己，也依然要去做，这是因为那些伤害远远比不上内心的谴责更加让我们无法承受。

3.坚持做自己认为正确的事情，这是一种勇气，也是一种品质。

矛盾箴言：偶尔，我们帮助了别人未必能够得到回报，甚至还会被反咬一口，倒打一耙。在这种情况下，我们难免会感到愤怒，也会觉得自己的付出是不值得的。然而，赠人玫瑰，手有余香，更多的时候我们在帮助他人的同时，就已经得到了心灵的满足，这是任何回报都无法比拟的。

闺密闹矛盾应该如何应对

你要记住，任何时候，都要积极地付出，而不要始终索取。

——高尔基

人与人之间的关系要保持适度的距离，人们常说距离产生美，就是这个道理。越是亲近的关系，越是容易导致矛盾的产生，这是因为彼此毫不设防，坦诚相对，向对方展示自己最为真实的一面，所以反而会产生冲突。

很多女性朋友都有闺密，对于闺密的级别，女性朋友们还进行了细致的划分。难道越是级别高的闺密，越是彼此之间从来不闹矛盾，不管面对什么事情都毫无嫌隙吗？当然不是。事实证明，即便是闺密也会闹矛盾，最重要的是要学会消除矛盾，彼此包容，真诚以对。这就像是牙齿和嘴唇，既互相依存，也偶尔会彼此伤害。但是，唇齿相依，牙齿和嘴唇终究是不能分离的。

婷婷有俩闺密，关系非常要好。前一阵子另外两个闺密闹矛盾，婷婷本来想把她们叫出来吃个饭缓和一下关系，但即使婷婷磨破嘴皮，两个闺密还是谁都不愿意见到对方，反倒是跟婷婷抱怨个不停，都希望婷婷能够站在自己这一边"讨伐"另一个。

婷婷有苦难言，她既不能化解两个人之间的矛盾，又不能按照对方所期望的那样去做，最后她坦言："针对这件事，我认为你们两个人都有错，你们都需要反思，最好面对面沟通，这样才能最终解决问题。"

　　两个闺密听婷婷这样说，立刻把愤怒的战火烧到了婷婷头上，既对她不跟自己站队失望，又觉得她竟然不主动调解矛盾，实在是有失闺密的身份。最后，两个人不约而同地拉黑了婷婷的各种联系方式，三个原本非常要好的闺密变得形同陌路。

　　针对婷婷的尴尬处境，有的人认为婷婷其实就应该当个和事佬，当面对一个闺密的时候顺从她的意见，数落一下另一个闺密的不是，这样她心中的怒气自然就消了；在另一个闺密面前自然也可以故技重施，这样两个人都消气了，最后自然也就会重归于好。有的人认为在这种情况下，婷婷只能选择自己关系好的闺密站队，因为毕竟与其最后失去两个闺密，还不如选一个跟自己更要好的。还有人认为在这个问题上还是要秉持公平的原则，先分辨出对错，对过错方予以批评教育，以理服人。

　　虽然最终婷婷失去了两个闺密，但也没什么可惜的，她并没有做错什么。生活中，即便是关系非常密切的几个闺密，对于其中两个人之间的矛盾来说，第三个人依然是"外人"，当涉及原则性的问题的时候，你还是不能强求别人改变立场为你"站台"，更不能强求别人对你的事情负责。

　　即使是关系亲密无间的人，在相处的过程中也会因为各种各样的原因产生矛盾，甚至爆发争吵，这并非当事人的本意，关键在于如何化解。闺密之间吵吵闹闹很正常，小吵小闹说不定还能增进感情呢。但是一定要注意把握好度，物极必反是有道理的。每个人都需要边界感，都需要把握与人相处的分寸，普通的人际相处如此，亲密的人际相处也是如此。"闺密"两个字说起来好像特别容易，但做起来却非常困难，这就要求我们做到以下几点：

1.怀着包容的心态对待闺密，能够设身处地地为闺密着想。事实上，真正的闺密一定会处处为对方着想，她的头脑中绝对不会只有自己，绝对不会只想着如何索取，对你的付出也绝对是毫不吝啬的。

2.真正的闺密不会委屈对方。真正的闺密常常会把对方看得比她自己还重要，她自己受了委屈或许一声不吭，或者一笑了之，但是如果她感觉到你受到了冒犯或是受了委屈，那就是她所无法容忍的事情，她一定会奋起反击捍卫你的尊严。

3.不嫉妒对方。真正的闺密之间是不存在任何嫉妒的，她们只是单纯希望对方过得好，你越幸福她就越开心，而这也才能称得上是真正意义上的友谊。

4.伤心时的安慰和开心时的陪伴。在你伤心的时候，闺密可以给你一个心灵的停靠点，以抚慰你受伤的心灵。当你有了开心的事情，也同样需要和朋友分享，有一句话说"快乐的事情和朋友分享，快乐就会加倍；难过的时候有朋友分担，伤心就会减半"。试想，拥有这样的一位闺密，你的世界将会更加美好。

5.当意识到自己的错误，要主动承认错误；当发现对方的错误，要以恰当的方式与对方沟通。

6.在茫茫人海中能够成为闺密是多么深厚的缘分啊，要学会珍惜，多多理解和体谅对方。

7.有的时候，先低头认错或者主动和对方和解，并没有什么丢人的。

8.虽然很多时候我们必须坚持原则，但是在不涉及原则问题的情况下，面子并没有那么重要，彼此之间的友情才是最重要的。

矛盾箴言： 人们常说，千金易得，知己难求。闺密又何尝不是如此呢？在漫长的人生道路上，有闺密相依相伴，这是非常深厚的缘分。所以，我们不能因为与闺密之间有小小的矛盾，就选择放弃这段弥足珍贵的感情。不管面对什么问题或者局面，我们都要怀着积极的态度去解决问题。

矛 盾

第十章
交易矛盾:
人生就像一场交易, 时刻需要衡量和抉择

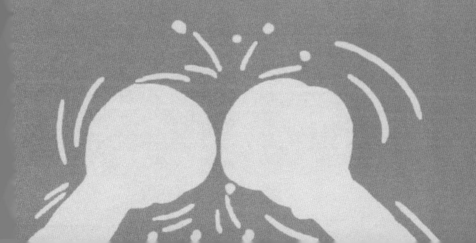

人生就像一场交易，很多时候，我们必须面对各种选择，也必须在理性思考之后进行艰难的抉择。有价的对等交换，是交易；无价的权衡交换，则是博弈。除了金钱的交易，我们往往在以权力、理性、感情等各种因素与外部世界博弈。

让客户成为自己人，一切就能水到渠成

真诚是人生最高的美德。

——乔叟

如果你曾经做过销售，你就会知道哪怕只是卖几根葱、卖一颗蒜，都需要与客户磨破嘴皮，进行各种攻坚战，特别是当客户斤斤计较，绝不允许卖方从自己这里获得太多利益的情况下，作为卖方的你简直宁可把商品送给客户，对客户的三寸不烂之舌缴械投降，也不想再和客户争辩来争辩去，浪费脑细胞和唾沫星子。俗话说，买卖两个心眼儿，这是非常有道理的。因为作为客户购买产品的时候总是希望越便宜越好，而作为卖家在销售产品的时候，总是希望越贵越好。这是由买卖双方的对立关系决定的。不管交易的是价值很小的葱、姜、蒜，还是价值很昂贵的飞机、大炮、跑车，这个道理都很适用，而且亘古不变。销售人员之所以陷入这样的困境，是因为没有洞察销售的本质。著名的销售大师特德·莱维特在销售领域叱咤风云，创造了销售佳绩，是因为他深谙销售的真相。他说，根本没有商品这样的东西，顾客真正购买的不是商品，而是解决问题的办法。

作为销售人员，在和客户沟通的时候，如何才能做到让一切顺其自然、水到渠成呢？显而易见，在这个世界上，最难做的事情就是从别人的口袋里掏钱，更何况客户也是非常聪明的，防范意识和防范心理都很强。作为销售人员，要想消除买和卖之间的矛盾，要想消除花钱和赚钱之间的矛盾，最关键的一点就在于要把客户变成自己人。如果原本是两军对垒，现在是兵合一处，一致对外，则不但情势在瞬息之间发生变化，而且原本的阻力消失，成交的力量大大增强，最终的成交也就往往能够顺其自然获得成功。

具体而言，要把客户变成自己人，就要赢得客户的信任。现实中，很多销售员功利心太强，他们给客户的感觉就是急等着挣钱，为此总是火急火燎地催促客户。对于这样的销售员，客户是非常反感的，也会心生警惕，最终反而导致销售的工作难以推进。销售当然要靠沟通才能进行，如果沟通不畅，销售也就无法进行下去。而真诚是人与人之间相处的基础，也是人与人之间顺畅沟通的前提条件。这也正是在销售行业里，有些人看起来很老实本分，说起话来也慢条斯理，却能把销售工作做得风生水起的原因。

牛姐作为一名房产经纪人，销售业绩非常好。这让很多同事都感到奇怪，因为在年轻化的销售队伍里，牛姐已经不年轻了，而且有家有口，每天到了六点就要下班，不能和其他同事一样在店里加班等着接待客户。但是让人惊讶的是，牛姐虽然客户少，但是往往带一个客户就能成交一个客户，这是为什么呢？原来，牛姐年纪大一些，有家有孩子，生活经验丰富。更重要的是，深入生活的牛姐总是能够设身处地为客户着想，为客户排忧解难。有一次，牛姐接到了一对年轻的小情侣。这对情侣戒备心很强，对于牛姐说的话一开始持有半信半疑的态度，沟通起来也不顺畅。在带着这对情侣看了一套一居室之后，牛姐问客户的首付是多少。在得知客户可以多付首付之后，牛姐很真诚地建议客户："你们首付这么多，我建议你们买套两居室。现在房子越来越贵，很多人选择买一居室都是因为首付凑不够。你看，你们买房之后肯定要结婚生子，将来孩子一出生，就会有老人过来帮忙照顾。如果买一居室，要不了几年就会显得很拥挤，还不如一步到位购买两居室，这样至少可以住到孩子七八岁。如果家里老人不常住，也不准备要老二，房子就可以一直住着。或许现在看来买两居室比买一居室要多贷款，不过承受这点儿压力，比将来折腾换房再交税等可划算多了。"

牛姐的一番话说到客户心里去了，客户从对牛姐心怀疑虑，到接连点头认可牛姐所说的话，这期间的改变非常大。牛姐赢得了客户的信任，接下来的销售工作当然会非常顺利，也会有很好的效果。

试想如果牛姐只是想促成交易从而拿提成，给客户的感觉就是想从客户身上赚钱，那么客户一定不会对牛姐表示认可和信任。恰恰是因为牛姐从过来人的角度出发，推心置腹地把客户将来结婚生子会遇到的情况阐述出来，让客户意识到牛姐想得非常周全到位，所以客户才会更信任牛姐。

作为销售员，不管卖的是价值很高的物品，还是日常生活用品，要想和客户之间彼此信任，达成共识，就一定要敞开心扉，真诚地和客户沟通。如果和客户沟通的时候总是有隔阂，或者给客户以急功近利的感觉，那么销售就会无疾而终。

当然，作为销售员，也不要过于逢迎客户，而是应该以专业领域行家的身份给予客户更多的引导和帮助，成为真正的顾问。很多销售员本着客户就是上帝的原则，对于客户说出来的一切话都言听计从，结果他们只能成为客户的应声虫，而无法对客户起到引导的作用。事实上，客户不管购买什么产品，都希望得到业内人士的指点和帮助，而并不需要一个没有专业素养、只知道随声附和的人。

所以，销售员要为自己准确定位，面对客户既要做到不卑不亢，也要做到非常职业、专业，这样才能 hold 住客户。

1.销售人员要积极地倾听客户，用心了解客户，把握客户的核心需求，才能有效地满足客户的需求，帮助客户解决问题。

2.在了解客户的基础上，再为客户推销合适的产品，一定要以客户需求为导向，让客户感觉到你不是要从他口袋里掏钱，而只是真诚地帮助他排忧解难。

3.以真诚的态度对待客户，以专业的水准服务客户，才能得到客户的信任。

矛盾箴言：把客户当成自己人，把客户的需求当成自己的需求，从主观跳脱出去，尽量客观、公正地分析问题，解决问题，这样就能赢得客户的信任，和客户成为朋友。

嫌货才是买货人

好货不愁没有市场。

——普劳图斯

在生命的历程中，充斥着各种各样的交易，既然是交易，就有卖的，也有买的。对于买卖双方而言，原本是处于对立关系的，卖的希望商品价格更高，交易顺利达成，买的则希望商品价格更低，交易也能顺利达成。在这里，你是否发现了什么玄机呢？没错，你的确看到了买卖的矛盾。买的要便宜，卖的要贵，这真的是两个极端，完全没有办法协调。在这个根本矛盾的作用下，买的人为了达成目的，故意嫌弃商品的质量不够好，或者挑剔商品有很多小瑕疵。但有些卖家不够精明，听到买家说自己的产品不好，就无法保持镇定，而是马上情绪激动，恨不得把说产品不好的人暴打一顿。其实，卖家完全没有必要情绪激动，因为有一句话说"嫌货才是买货人"啊！作为戴尔公司的创始人，戴尔先生深谙销售之道，他说，不要对客户过度承诺，但是要对客户超值交付。这正是戴尔先生能够经营好戴尔公司的秘诀。

作为卖家，当看到客户嫌弃商品不好的时候，不要对客户心生反感和厌倦，也不要因此与客户陷入争执矛盾之中。而是要意识到客户之所以嫌弃产品，除了极小的原因是商品真的不好之外（注意：当人真的嫌弃一个东西，没有购买的欲望，基本不会把这种嫌弃和不满说出来），大多数人把对商品的不满说出来，往往是为了压低价格，为后面的谈判做准备。所以当听到对方嫌弃产品，不要和对方爆发争吵，更不要因为对方的想法和你的想法截然不同就生气，而是要明白对方其实已经产生了购买的欲望，所以才会对产品吹毛求疵、挑挑拣拣、斤斤计较。

从心理学的角度而言，客户只有对产品感兴趣，才会对产品展开思考，也才会提出更多的不同意见。因而作为卖货的人，被客户嫌弃产品其实是一件值得高兴的事情，根本就没有必要为此愁眉苦脸，更不要因此而和客户闹翻。当然，对于客户而言，如果真的对产品没有任何购买欲望，就不要随便嫌弃产品，你要认识到你所谓的嫌弃给对方的感觉就是感兴趣的意思表达。

马丁作为一名汽车推销员，对于自己的汽车推销能力持有强烈的怀疑态度。每当接待客户的时候，他总是对于客户挑剔汽车的行为非常反感。他想不明白：既然你们这么不喜欢我推销的这款汽车，还挑剔很多的不足之处，为何还要了解和询问这款汽车呢？在这样的想法促使下，每当有客户对汽车提出不满，马丁都毫不客气地说："这就是我们的汽车，它很好，您要学会欣赏它！"马丁不知道，对于正在各种汽车之间进行选择的客户而言，让他们发自内心喜欢一款汽车是很困难的。而实际上，当客户开始挑剔一辆汽车，正意味着他们对于汽车各个方面的表现都进行了综合考量。作为销售人员，唯有珍惜客户的挑剔，才能更好地引导客户购买合适的汽车，也才能让销售行为大功告成。

面对销售员认可自己的产品和客户嫌弃产品之间的矛盾，对于处于销售主导地位的销售人员，一定要摆正心态，给予客户更多的引导和帮助。当销售人员真正站在客户的角度为客户着想，就可以理解客户的疑虑和迟疑，也可以在和客户坦诚沟通的过程中，真正打消客户心中的疑虑，满足客户的需求。

当然，对于那些喜欢挑剔的客户，如果销售人员总是怀着排斥和抗拒的态度，根本不愿意和客户和解，那么与客户之间的买卖关系矛盾就会更严重，甚至变得不可调和。因此，对销售人员而言要想真正消除其中的矛盾，就要和客户达成共识，先以接纳和理解客户的态度包容客户，再想方设法满足客户的需求，也以合适的方式和方法引导客户。相信客户一定会接受产品的优点，给予产品更多的关注。此外，销售人员还需要注意的是，在讲解产品的优势时，要抓住那些能够打动客户的优点做重点阐述介绍，这样才能事半功倍，说服客户做出购买决定，完成购买行为。

1.嫌货才是买货人，看到客户嫌弃产品，不要沮丧，而是要感到高兴才对。因为接下来，你就有机会向客户介绍产品，展示产品。

2.在介绍产品的时候，切勿夸大其词，而应该客观地介绍产品的优点和缺点，这样反而更加真实和可信。

3.当客户无法下定决心购买的时候，引导客户进行理性的权衡，例如帮助客户分析他更看重产品的优势，还是更无法接受产品的劣势，从而促使交易达成。

矛盾箴言： 作为购买者，在对产品产生兴趣的同时，一定想压低产品的价格，这样才能实现产品最高的性价比。面对购买者这样的心态，销售者要给予理解和接受，从而才能站在购买者的角度打消购买者的疑虑，也让购买行为水到渠成。

会买的哄不过会卖的

有些事情是不能被等待的。如果你必须战斗，或者在市场上为自己争取最有利的位置，你就必须坚持努力冲锋，大步向前。

——泰戈尔

在交易过程中，买的人肯定想以更低的价格购买优质的产品，而卖的人肯定想以更高的价格出售优质的产品，这是正当的买卖关系中，买卖双方发自内心的希望和真正的需求所在。然而，毫无疑问，在这样的心态驱使下，买卖双方会处于对立的状态，人人都想争取到自己的利益。可见，要想消除买卖双方的矛盾，就要让买卖双方的利益获得统一，这样才能让买卖双方为了达成交易而付出更大的努力和更恒久的坚持。

然而，买卖双方的关系本质上是对立的，这一点毋庸置疑。所谓统一关系只是为了促成交易，而从根本上说，如果买方只愿意花很少的钱，而且不愿意为了争取到优质的产品进行加价，则最终只能买到劣质的产品。俗话说，会买的哄不过会卖的，这就告诉我们没有任何卖家愿意做赔本的买卖，除非有特殊的原因在其中发生作用。所以除了特殊因素之外，如果一件产品的价格远远低于它从表面呈现的质量所对应的价格，则说明这个产品真正的质量水平并不高。在购买产品的时候，作为消费者一定要擦亮眼睛，不要在追求品质与追求低价的矛盾中，盲目选择低价，而是要在保证产品质量的基础上追求性价比。否则，就会陷入矛盾的状态之中，导致情急之下不能进行最优化选择。而作为销售者，则要摆正自己的位置，端正心态，从而更好地为消费者服务。麦当劳之父雷·克罗克说，收入可以以其他形式出现，其中最令人愉快的是顾客脸上呈现出的满意微笑，这比什么都值得，因为它意味着顾客将再次光顾，甚至还会带个朋友一起光顾。当销售者秉持这样的态度，就会以服务消费者为己任，也会把目光看得更加长远。

事实上，作为消费者，即使再精明也不可能让销售者亏本出售。为此低价和品质的矛盾根本不存在，我们理应始终追求品质，再追求更高的性价比。同样的道理，作为销售者的一方也不要盲目以低价吸引他人，而是要端正心态，以合理的利润去定价，才能争取为消费者提供最优质的产品。

无疑，产品质量和价格之间的矛盾，从来都是让销售者和消费者都很头疼的一个问题。在这样矛盾的关系中，唯有在产品质量和价格之间获得平衡点，才能促使交易达成。作为消费者，只要想明白"天上不会掉馅儿饼""没有人愿意做赔本买卖"这些道理，就能从质量与价格的矛盾心态中挣脱出来，以理性消费的态度对待交易。

从本质上而言，最好的交易状态实际上就是你情我愿。换言之，即使价格不合理，只要卖的和买的都愿意，也就不会导致矛盾产生，反而会呈现出一种其乐融融的情形。毕竟交易的规则是人制定的，而产品的价格除了由客观的价值决定之外，还由人们心中认为这件产品值多少钱决定。真正的交易者只关心产品和价格是否符合自己的预期。

周末，小雨遇到一个开着大车卖榴梿的流动小商贩。相对于水果店里十几元到几十元一斤的榴梿，这个小商贩只卖七八元一斤。这也就是说水果店里最便宜也要一百多元才能买到的一个榴梿，在小商贩这里只需要几十元就能买到。榴梿控小雨禁不住价格诱惑，当即购买了两个榴梿。在买的过程中，小雨还疑惑地问："老板，你的榴梿怎么这么便宜？"老板说："我们是流动作战，没有摊位费，也不用交房租。而且我们进货量大，是最低的批发价。我们主要靠着走量来赚钱。"听了老板的话，小雨心中的疑虑也全都消除，拎着两个榴梿喜滋滋地回家了。回到家里，小雨打开榴梿才发现，榴梿里的肉很少，大部分都是空壳。这样算下来，这两个榴梿还没有水果店里的一个榴梿肉多，小雨不由得骂道："真是个大骗子，居然还说自己的榴梿多么好！"

这个时候，妈妈从厨房里出来对小雨说："小雨，巧买的哄不了拙卖的。你要记住，便宜没好货，除非是遇到名牌产品的打折季，否则很多便宜产品的质量都是没有保障的。"小雨叹气说："我本想着水果店里一个榴梿的价格在车上能买两个，怎么也值了，没想到这么糟糕。以后，我再也不上当了。"

如果小雨早些知道妈妈告诉她的道理，就不会在品质和低价之间，被低价诱惑。在这个世界上，无时无刻不在进行交易，包括我们的祖先——原始人也在以贝壳等作为货币，以绳结等方式计数，尝试着进行最早的交易。

既然是交易，就是等价的交换，只有买卖双方对于产品的价格估计保持一致，交易才能达成。作为真正的购买者，切勿盲目压低产品的价格。如果是当面交易，压低价格不会影响产品质量，但如果是先下大量定金再生产产品的交易方式，若把对方的利润空间挤压消失，就只会导致产品质量没有保证。记住，产品的价格合理，才能保证质量过关，否则，毫无利润的低价必然导致产品质量低下，这对于促进交易是非常不利的，也会导致交易不能符合理想和预期。

1.衡量商品的价值，既不要以过高的价格购买商品，也不要受到低价的诱惑。所谓便宜没好货，正是若干年来消费者们的血泪经验。

2.作为卖家，要为消费者提供货真价实的产品，也要为消费者提供贴心的服务。为产品定价一定要合理，既不要虚高，以免失去消费者，也不要盲目采取低价策略，牺牲产品的质量。只有适宜的定价，才是企业的生存之本，也才是营销的金科玉律。

3.买家和卖家都要洞察交易的本质，才能建立良性竞争。

矛盾箴言：天上不会掉馅儿饼，世界上也没有免费的午餐。作为交易双方，既然卖的想要得到更多利润，买的想要尽量压低价格，面对这样的利益矛盾，一定要取得统一，才能实现交易成功。

进退两难时，互惠心理促使让步

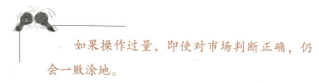

如果操作过量，即使对市场判断正确，仍会一败涂地。

——索罗斯

很多标的额巨大的交易，往往无法在短时间内达成，而是需要进行好几轮的磋商和谈判，最终才能找到交易双方的平衡点，促使交易顺利进行，获得成功。当然，谈判的过程是非常艰难的，尤其是在谈判进行到白热化阶段时，往往不是语言的博弈，而是心理的较量。越是在这样的关键时刻，越是要采取销售的策略和技巧，这样才能在微妙之中见真章，也才能果断采取适当的策略发力促成交易。

进和退，本来就是矛盾的关系，如果进和退都关系到交易中的利益，则决定就会下得更加艰难。如果不能以良好的心态权衡利弊，果断做出选择，还会导致矛盾更加深化，一切谈判举步维艰。

在这种时刻，要运用互惠心理思考与对方的合作关系，这样才能适当做出让步，以退为进处理好交易关系，促使交易达成。与其说互惠策略是在推销产品，不如说互惠策略是在推销自己。销售大师乔·吉拉德创造了汽车销售领域的奇迹，他曾说过，每个人在一生之中卖的唯一产品就是自己。仔细想想，这句话含义深刻。

如果能把互惠心理运用得好，就可以让原本处于对立关系的交易双方统一利益，关系融洽，这当然是更好的选择。由此可见，哪怕是先前的敌对关系在产生互惠关系之后，也能够转化为统一的利益，最终想方设法实现互惠共赢。

很久以前，有两个人饥肠辘辘，眼看着就要被饿死了。这个时候，有一个长者赏赐给他们一筐鱼和一根鱼竿。对于如何分配这些物品，他们产生了争执。最终，有一个人抢了鱼逃之夭夭，而另一个人只好闷闷不乐地拿着鱼竿朝着海边走去。抢了鱼的人在逃出很远的距离后，确定另一个人不会过来抢夺，就赶紧捡柴火生火煮鱼吃。等到鱼都吃完了，他又开始忍饥挨饿，最终还是被饿死了。而拿着鱼竿的人走了很远，直到饿得再也没有力气站起来，也难逃被饿死的厄运。

这两个人的命运为何都如此悲惨呢？归根结底，是因为他们不懂得互惠互利，导致各自都为了眼前的利益而拼命争取，只顾着眼前能够活命，却丝毫不考虑将来的处境。这样一来，他们看起来为自己争取到短暂的、巨大的利益，实际上却在损害他人利益的同时，也彻底危害了自己的利益。不得不说，这是非常糟糕的，也是短视的行为。

换个思路，如果饥肠辘辘的两个人在得到一筐鲜鱼和一根鱼竿之后，能够彼此退让一步，不要都想着马上独吞鲜鱼，而是相互合作，一起按照计划在去往海边的路上，每天有节制地吃掉这些鱼，那么他们在还没有饿死之前就会到达海边，相互合作，再利用鱼竿捕捉到更多的鱼来果腹。这样一来，他们非但不会被饿死，还会钓到更多的鱼，甚至还可以卖掉吃不完的鱼，让他们在赚取足够的金钱之后活得更好。

心念转变，世界也会随之转变。在面对很多利益之争的时候，我们不要总是想着维护自己暂时的利益，而是要有效地积极改变思想，转化思维，这样才能灵活地处理好利益之争，也让自己和交易对方一起齐心协力实现彼此的共同利益最大化。这显然是更加明智的选择，对于交易的促成、交易双方关系的和谐融洽，都是大有好处的。

作为公司的首席谈判官，艾伦最近正在负责和一家公司洽谈合作的事宜。这项谈判工作进行了好几次，也持续了很长时间，但是效果始终不理想。艾伦决定拼尽全力推动谈判向着对双方都有利的方向发展，这样就可以促使交易尽快达成。然而，谈判进行到关键时刻，双方却因为最后的关键利益之争而僵持不下。艾伦可不想让自己长期以来的努力都打了水漂，为此她决定以高姿态先表示让步，换取对方的互利互惠。艾伦主动在已经压缩到很低的利润上又让出一个百分点。看到艾伦如此有诚意，对方也深受感动，为此主动提升了一个百分点。即便如此，艾伦和对方之间还相差一个百分点，但是对于彼此都很努力促成的事情，谁都不想放弃。最终，对方再次提升一个百分点，让交易顺利达成。

因为艾伦主动做出退让，表现出很高的姿态，所以对方的心理防线被打破，和艾伦一样极力促使合作达成，实现双方的互惠共赢。其实对方也知道艾伦这边的利润已经压到最低，为此他们在进行慎重思考和仔细权衡之后，选择采取主动姿态达成合作。这样一来，艾伦的目的自然达成。

艾伦之所以能够打动对方主动促成交易达成，就是因为她首先以真心对待对方，也给予了对方最大的利润空间。从心理学的角度而言，人都有互偿心理，意思就是说当一个人从他人那里得到好处，就会有意识地回报他人，给予他人更好的对待。因而在谈判和交易的过程中，对于那些主动相让的人，我们总是表现出特殊的好感，也很愿意配合对方的好意，对对方投桃报李。俗话说，两好换一好，这就意味着只有彼此付出和相互尊重与认可，才能让交易的关系保持平衡的状态，也才能顺利促使交易达成。当然，运用互惠心理是有技巧的，只有运用得当，才能两相适宜。

1.作为卖家，先提高报价，给自己的让价预留好空间，否则在底价的基础上是没有办法继续让利的，毕竟没有人愿意做赔本的买卖。同样地，作为买家，要让第一次出价低于心中预期的成交价。

2.当谈判进行一个阶段后，卖家或者买家可以适度降价或者适度提价，优先表现出促成交易的诚意。

3.有的时候，第一轮互惠不能得到一个让双方满意的价格点，那么还可以进行再次让利或者加价。当然，在一次谈判中，这个策略使用两次足矣，不要反复使用，否则会让参与谈判者感到疲惫，认为我们缺乏诚意。

4.通过互惠互利，互相谦让，达成交易，皆大欢喜。

矛盾箴言：在交易过程中，当陷入进退两难的矛盾中时，与其一味地进取，不如适时选择后退，这样才能给予他人更多的空间，同时还可以表达对于他人的尊重和想要促成交易的诚意。

有的时候，跟风也能缓解矛盾

幸运的时机好比市场上的交易，只要你稍有延误，它就掉价了。

——培根

对于消费者而言，在想购买一件产品的时候，很多人都会出于多个方面的考虑，对于最终是否做出购买行为而感到很矛盾。买有买的好处，不买有不买的优势，或许对生活也不会造成非常大的影响，因此最让人感到为难的是，作为购买者往往不知道如何权衡买与不买的利弊关系，无法当机立断做出判断和选择。现实生活中，尤其是对于那些有选择困难症的人而言，选择就会更加艰难。

在科学领域，流传着"真理掌握在少数人手中"的说法，而实际上，如果我们探求的并非真理，而只是一次购买的行为，在很大程度上来说并没有坚持做少数人的必要，而是可以选择从众，即符合大众心理。虽然在心理学领域，从众并非褒义的行为和表现，但是也并不是完全贬义的。只要把从众心理运用到合适的生活情境中，就会起到正面积极的作用。

细心的朋友们会发现，在一些餐馆聚集的美食街里，那些食客扎堆的餐馆里食物的味道往往更好，也更具特色。这是因为这些餐馆正是凭着口口相传，才能把好名声传播出去，也才能吸引更多的食客。也许有些人会说：扎堆的地方环境不好！的确，人多嘈杂，但是中国人不正是喜欢这种热闹的就餐氛围吗？当然，如果作为食客你更看重的是氛围和情调，那么你则不属于街边苍蝇小馆所要俘获的目标，而是可以选择在人少清幽的西餐厅就餐，也可以在高空中的旋转餐厅里一边俯瞰夜景一边享受美食。这是每个人不同的选择。

有些人天生属于大众群体，他们愿意和大众一起做好很多事情，融入人群之中实现自己的价值。而有些人天生就是小众人群，他们不愿意追随大众潮流，觉得那样无法体现出他们自己的特立独行。他们更愿意独辟蹊径，偏向无人处行。这是个人的性格差异导致的。现实生活中，很多事情并非都至关重要，我们也无须做出选择，艰难地坚持着，而是可以轻松做出决定，给予自己更大的空间，跟随大多数人的脚步一起去做好很多事情，也在人群中更好地生存。

少数服从多数，这是很多人在进行表决的时候惯常采取的做法，从某种意义上告诉我们，越是关系到所有人的事情，越是应该让大多数人感到满意。古人云，三个臭皮匠，赛过诸葛亮，这也告诉我们集思广益的重要性。一个人即使再聪明，在做很多事情的时候也会因为思维局限而被困住。当别人以其他视角发表意见和看法，你是否常常觉得茅塞顿开，也觉得自己心的枷锁被瞬间开启？由此可见，在做很多事情的时候，适度地从众也是很有必要的，所谓众人拾柴火焰高，就算是在遇到危险出主意的时候，众人的主意也会更加有效。

最近，毛毛计划要购买一款手机。虽然手机价值不高，也就几千元，但是对于刚刚大学毕业的毛毛来说，这是她第一次用自己赚的钱买手机，为此她很慎重。但越是经过长时间比较，毛毛反而越是矛盾纠结，在两个品牌的手机之间犹豫不决。思来想去，她都没有做出决定。最终，她决定在好朋友的群里进行投票征询意见，让大家分别说说自己会买哪一款，理由是什么。很快开始投票，结果二十个朋友中有十五个朋友都选择了其中一款。就这样，毛毛根据朋友的意见购买了手机，功能强大，非常好用。

生活中，很多人都喜欢跟风，有些人跟风是因为不知道自己该作何选择，有些人跟风则是为了面子，宁愿让自己吃亏，也要维持好面子。不得不说，这样的行为是很肤浅的。人们常说，生活如人饮水，冷暖自知。的确如此，鞋子是否合脚，只有脚知道。在《灰姑娘》的故事里，就算姐姐妹妹都把脚砍掉一部分，也根本不可能穿上水晶鞋。对于每个人而言，生活过得到底是好还是不好，也都不是由别人说了算的，而是由自己的感受和体验决定的。正因为如此，人们才说真正的幸福是来自心底的感受，是每个人对于人生独特的理解和尊重。

对于那些习惯于特立独行的人而言，表现得平淡无奇是一种失败，为此只有与众不同，他们才会感到快乐。而对于那些喜欢从众的人来说，总是这样特立独行、吸引他人关注的目光，会使得他们浑身不自在，在这种情况下，不如把自己隐没在人群之中来得更加自在，也能够让生命自由从容。

每个人对于人生都有自己的理解、定位和追求，也有自己坚持的人生准则不能放弃。在坚持自我与从容随和之间，我们要把握好合适的度。对于每件事情而言，所要求的坚持度也是不同的。我们要把心思变得更加灵活一些，针对自身的情况和具体事情，进行理性的权衡和思考，这样才能适时地从众，缓解和消除面对的矛盾。当然，最终决定是否跟风，是要做好三步走的。

1.对于某一件事情，心中要有自己的判断，而不要不假思索就接受别人的态度和意见。有思考的过程，跟风就是理性的。

2.把握自身的需求。很多人盲目跟风，不顾自己的需求与他人不同，就对他人的决定采取拿来主义的态度，作为自己的决定。

3.过分追求在人群中的安全感，会让我们的心迷失方向。人是害怕孤独的动物，喜欢在人群之中生活，但是有些时候真理却只在少数人手中。所以必要的时候，我们要能够忍耐孤独，守住寂寞，不跟风，不盲从，听从心的指令。

矛盾箴言：跟风并不总是盲目的，也可能是当事人在面对选择的矛盾时做出的理性选择。有的时候，顺从可以缓解很多矛盾，虽然我们不能以顺从作为人生的态度，但是在必要的时候选择顺从，对大多数人而言却是不错的选择。

得与失，就在转念之间

判断对错并不重要，重要的在于正确时获取了多少利润，错误时损失了多少利润。

——索罗斯

在大多数人的心中，得到与失去之间是绝对的对立关系，以一件简单的物品为例，如果得到了这个东西，这个东西就是属于自己的，而如果失去了这个东西，这个东西就是属于别人的。在这个世界上，人人都想得到更多，这是因为人的心本来就是贪婪的，欲望也是无限的。要想满足自己的内心，人们必须不停地得到。然而，无限度地得到并不能真正让我们获得满足，更多的时候，过多的物质和金钱的获得，反而会导致我们的欲望变成无底的深渊，很难得到满足。

从心理学的角度而言，要想合理满足欲望，最重要的是要控制欲望。要知道欲望的本能就是无限制，而一个人只有真正主宰自己，驾驭欲望，才能持续地降低欲望，减少对于生活的苛求。古人云，知足常乐，意思是说每个人必须感到知足，才能获得更多的快乐。要想掌控欲望和人生，我们就要以端正的态度对待得失，只有平衡好得失，人生才会以更好的状态呈现。尤其是在销售领域，得失更是非常微妙地保持着平衡。作家梁宪初说，利人为利己的根基，作为营销者如果总是想满足自己的利益，而丝毫不顾及他人的利益，那么他人也就不会顾及营销者的利益。

生活中有些人特别吝啬，总是想要得到更多，而不愿意主动付出。他们担心自己的付出得不到回报，也担心自己会做赔本的买卖。其实，所谓交易并不只是以金钱作为衡量的标准，人是感情动物，更多的交易也会以关系、感情作为权衡的基本条件。对于交易双方而言，只有彼此建立友好的关系，获得良好的感情，交易才会水到渠成，进展顺利。反之，如果彼此猜忌，互不信任，则不管做什么事情都会举步维艰。

2019年3月26日，华为在法国巴黎发布了全新华为P系列智能手机——华为P30和华为P30 Pro，华为P系列是华为终端产品中定位时尚前沿的高端旗舰系列。更让大家兴奋的是，这两款手机在大陆的售价分别为5488元和3988元，低于在其他地区的售价。华为彻底颠覆了很多品牌在其他地区卖价便宜，而在大陆卖价很高的局面。这让无数"花粉"欢呼雀跃，也由衷地对华为竖起大拇指。

看起来，华为此举是失，与很多企业想方设法圈钱的做法背道而驰，实际上，华为这样的举动却是非常明智的，在贸易关系紧张而又微妙的今天，很多人都因为华为这次的定价策略和富有民族大义的举动而感到扬眉吐气。看到国人对于华为的支持和钟爱，谁又能说华为此次的付出不是一种收获呢？

作为一个企业家，任正非带领华为从模仿者到超越者，再到创造者，如今华为凭着一身凛然正气和中国心，已经成为民族企业的带头者和代言人。相信在未来，会有越来越多的国人和华为一样使用"中国芯"，坚持中国心！这样的收获不是一般的收获可以相提并论的。

可见，不论是在平凡的日常生活中，还是在竞争激烈的商场上，在交易的过程中，高明的营销者不会只想着从客户的口袋里掏钱，而是会先对客户付出，满足客户的需求，解决客户的问题，这样一来，还担心客户不会主动购买吗？只有在得失之间保持平衡的状态，以宽容、友善的心态接纳世界，缔造世界，营销才会成功。

1.先付出，让消费者感受到营销者的满满诚意，最好给客户机会享受优质的产品和高效的服务。

2.洞察消费者的内心，想方设法满足消费者的需求，当消费者认可营销者推销的产品或者服务时，他们就会主动购买，达成交易。

3.要把眼光放得更远，不要只顾眼前的蝇头小利，之前华为的"备胎事件"，就让国人由衷地对华为竖起了大拇指。

矛盾箴言： 得到和失去的关系有时很绝对，有时可以灵活转变。每个人在面对得到和失去之间的关系时，一定要从容，这样才能乐于付出，也才能获得丰收。

后 记
爱，一切都是对的

写完这本《矛盾》，我并不觉得自己对于人生和生活的思路更加清晰，反而变得更加惶恐，心底里也有了一丝丝惊慌。因为越是对于矛盾进行深入思考和洞察，我就越是感到一个人能够看清楚、想清楚的一切都是有限的。这也就是为何越是定睛去看，反而越觉得模糊的原因所在。

有人说，盲人虽然目不能视，但心却是明亮的。从心理学的角度而言，越是调动多重感官去感受，越是可以深入地理解和牢固地记忆。然而，从钻研的角度而言，越是调动多种感官去体验和感受一件事情，我们越是会觉得感觉混乱且没有秩序，这必然会导致我们陷入被动的状态之中，整个人思维混乱无序，感觉更是凌乱琐碎。

有人说，人生就是一个不断选择的过程，每个人只有做好每一次选择，才能拥有无怨无悔的人生。而那些不同的选项，恰恰体现了人生的矛盾。面对不同的选择，怎样去综合衡量和思考，这是人人都需要解决的难题。

既然人生无处不矛盾，我们就没有必要因为矛盾的存在而感到厌烦。就像俗话说的，每个人都有自己的烦恼，同样的道理，在这个世界上没有烦恼的人生是根本不存在的。很多人之所以因为矛盾而呈现出糟糕的人生状态，不是因为他们的能力不足，也不是因为他们的水平有限，而是因为他们在面对矛盾的时候，常常采取和矛盾较劲儿的态度，保持着别扭的人生状态。

事实上，我们不但要与自己友好地相处，也要与外部世界中大多数的人和谐共生。当各种各样的事情发生的时候，矛盾也随之尖锐和犀利，此时此刻，我们要做的不是歇斯底里，而是平静从容，这样才能让人生有更好的成长和表达。

总之，矛盾是人生的色彩，也是人生的状态，矛盾是对于我们的考验，更是属于我们的成就。任何时候，我们都要和矛盾并驾齐驱，也要和矛盾融洽相处，这样才能从矛盾之中找到契机，为生命的精彩绽放创造奇迹！